Vorwort

Mit Goethes Schauspiel *Götz von Berlichingen mit der eisernen Hand* vollzieht sich 1773 die **Geburt des nationalen deutschen Geschichtsdramas**. Es war durch mehrere Umstände, vor allem durch die politische Zersplitterung, in Deutschland nicht zustande gekommen, das Historienstück hatte aber durch den britischen Dramatiker William Shakespeare einen europäischen Höhepunkt erlangt.
Die Tat Goethes schmälert nicht die Verdienste der Vorgänger im Barock oder der Aufklärer wie Johann Christoph Gottsched, Johann Elias Schlegel, Friedrich Gottlieb Klopstock oder Gotthold Ephraim Lessing, die den Einfluss Shakespeares wesentlich vorbereiteten. Goethe schaffte es, das ausstehende nationalhistorische Drama an einem geschichtlich bedeutsamen und von den Zeitgenossen angenommenen Stoff zu verwirklichen. Seine Vorgänger hatten sich an römischen oder nationalgeschichtlich wenig beachteten Stoffen bemüht, eine deutsche Dramatik nach dem Beispiel der englischen Dramatik Shakespeares zu schaffen.
Das Schauspiel ist das erste der drei größeren Werke, die Goethe in Deutschland und über den deutschen Sprachraum hinaus bekannt werden ließen und bis heute seine weltliterarische Stellung ausmachen. Die anderen Werke waren der Briefroman *Die Leiden des jungen Werthers* und *Faust*. Goethes Stück wurde das repräsentative Werk des Sturm und Drang. Mit der Verherrlichung eines starken und freiheitsliebenden Mannes, des **„Selbsthelfers"** der Art eines Götz von Berlichingen, gab Goethe den Deutschen ihr eigenes Drama. Goethes Stück bot in formaler Hinsicht wesentliche Neuerungen und Anregungen. Es war der Bruch mit der französischen Klassizistik und ihren Folgen in Deutschland, wenn Goethe

auch die aristotelische Struktur in einem Handlungsstrang bediente und den entsprechenden **Aufbau** verwendete (s. Tabelle S. 43 ff.). Die lockere Bildfolge um den Reichsritter Götz von Berlichingen widersprach der aristotelischen Dreieinheit und verwies auf Shakespeares Historien. Goethes Stück war eine episierende Chronik, die eine Vielzahl von Nachwirkungen hatte, auch im Roman. 1799 übersetzte Walter Scott das Stück ins Englische, das Stück korrespondierte auch mit dem großen Geschichtsroman des 19. Jahrhunderts. Weniger beachtet wurde bis heute, dass die Geschichte um den höfischen Ritter von Weislingen die klassizistische Dramaturgie bediente und damit eigentlich zwei unterschiedliche Stücke in Goethes *Götz von Berlichingen* zu finden sind. Goethe hat sich in Bearbeitungen zu dieser Zweiteilung bekannt.

Götz von Berlichingen bedeutete den **Übergang zu einer neuen Dichtungsart**. Als Goethe 1818 in einem Maskenzug Personen aus dem Stück auftreten ließ, sandte er ihnen Mahomet voran, die Titelgestalt aus Voltaires *Mahomet*, den Goethe übersetzt und 1800 in Weimar aufgeführt hatte. Dieses Stück galt als Beispiel für die klassizistische französische Tragödie und ihre formale Dreieinheit. Mit seinem Götz, der sich im Maskenzug anschloss, wurde „die Aussicht auf eine freiere Dichtart" gegeben, wie Goethe vermerkte.[1] Noch 1818 sah er im *Götz* gegenüber dem klassizistischen französischen Drama die freiere Dichtungsart in der Tradition Shakespeares. Das Stück brachte **das berühmteste Zitat der deutschen Kulturgeschichte**. Götz von Berlichingen hatte es in seiner Autobiografie vorgegeben. Einem Amtmann sagte er, „er sollte mich hinten lecken".[2] Goethe wurde, ganz dem Sturm und

---

1 Goethe: *Maskenzug*. In: Berliner Ausgabe, Band 4, S. 605 (im weiteren Verlauf wird diese Ausgabe zitiert mit BA)

2 *Lebens-Beschreibung des Herrn Gözens von Berlichingen*. Original-Ausgabe von 1731, hg. von Alexander Bieling, Halle 1886 (Quellenschriften zur neueren deutschen Literatur, Bd. 2), S. 71, vgl. dazu auch: Goethe: *Götz von Berlichingen (Urgötz)*. In: BA, Band 7, S. 868

Drang gemäß, in seinem *Urgötz (Geschichte Gottfriedens von Berlichingen mit der eisernen Hand)* 1771 deutlicher: Götz von Berlichingen entgegnet einem Trompeter der kaiserlichen Exekutionstruppen, die gegen ihn ausgeschickt werden, als Botschaft für seinen Hauptmann: „Vor Ihro Kaiserlichen Majestät hab ich, wie immer, schuldigen Respekt. Er aber, sag's ihm, er kann mich im Arsch lecken."[3] In der Bearbeitung zu *Götz von Berlichingen mit der eisernen Hand. Ein Schauspiel* (1773) entfielen die entscheidenden Worte: „Er aber, sag's ihm, er kann mich – – –"[4]. Indessen kannten die Freunde die Stelle, wie ein Briefgedicht Gotters beweist (s. S. 105 f.), und hatten damit ihre Schwierigkeiten, wenn sie an Inszenierungen dachten. Es war durchaus üblich, die Worte, die weltberühmt geworden sind, zu überspielen. Als 1774 Johann Friedrich Reinecke (1745–1787) in Hamburg den Götz spielte – Reinecke galt als herrschsüchtiger, eigenwilliger Schauspieler mit einer besonderen Vorliebe für Ritterstücke –, schlug selbst er vor den entscheidenden Worten das Fenster zu, „ohne dieselben, wie er doch soll, dem Trompeter laut zuzurufen". So blieb **das weltberühmte Zitat** in dieser Inszenierung unverständlich. Der Kritiker schloss mit der mutigen Einsicht: „Freilich hätte der Verfasser selbst dergleichen Grobheiten zu vermeiden suchen sollen; aber da sie nun einmal da stehen, so musste der Schauspieler sie auch sagen".[5]
Dazu war aber nicht einmal mehr Goethe bereit. Als er Bearbeitungen seines Stückes vornahm, um es auf die Weimarer Bühne zu bringen, benutzte er eine sehr gemilderte Form: „Er

3 ebd., S. 87
4 ebd., S. 223.
5 Allgemeines deutsches Wochenblatt zur Ehre der Lektür. In: Nollau: S. 118 f.

aber, sag's ihm – er kann zum Teufel fahren."[6] Trotz dieser Milderungen und Verdrängungen blieb das ursprüngliche Zitat unvergessen und rief eine eigene Sekundärliteratur, Sammlungen von Übersetzungen in alle verbreiteten Weltsprachen und manche juristische Interpretation hervor. Immer wieder versuchten sich Regisseure daran, diesem bekanntesten Goethe-Zitat eine neue Wirkung abzugewinnen. 1930 ließ Ernst Legal den Götz die Worte schnarren, als wäre er ein Offizier der Potsdamer Garde. Im Gefolge dieses Zitats wurden andere Textstellen des Stückes zu geflügelten Worten, darunter „Es wird einem sauer gemacht, das bisschen Leben und Freiheit", „Wo viel Licht ist, ist starker Schatten" und „Die Welt ist ein Gefängnis".

Die vorliegende Interpretationshilfe entwickelt Verständnis für die ungewohnte Sprache des Schauspiels und die besondere Bedeutung des Textes in der Literatur- und Kulturgeschichte Deutschlands. Ziel ist es, eine **verständliche Interpretation** anzubieten, gleichzeitig Hintergrundwissen zu vermitteln. Die Darstellung geht auf die Fassung *Götz von Berlichingen mit der eisernen Hand. Ein Schauspiel* ein und benutzt für Zitate die entsprechende Ausgabe des Verlages Reclam (Nr. 71).

---

6 Goethe: *Götz von Berlichingen mit der eisernen Hand. Schauspiel in fünf Aufzügen. Für die Bühne bearbeitet.* In: BA, Band 7, S. 350 (BA = Berliner Ausgabe)

1. Johann Wolfgang von Goethe: Leben und Werk

1.1 Biografie

Jahr	Ort	Ereignis	Alter
1749	28. August Frankfurt a. M.	Johann Wolfgang Goethe wird als Sohn des Kaiserlichen Rates Dr. jur. Johann Kaspar Goethe, Sohn eines Schneiders, und Katharina Elisabeth, geb. Textor, Tochter des Schultheißen, in Frankfurt am Main, im Haus „Zu den drei Leiern" am Großen Hirschgraben **geboren**. Die Familie ist wohlhabend; der Reichtum stammt vom Großvater.	
1750	Frankfurt a. M.	Schwester Cornelia Friderike Christiana Goethe geboren.	1
1753	Frankfurt a. M.	Die Großmutter Goethe schenkt den Kindern zu Weihnachten ein **Puppentheater**, das von großer Bedeutung für Goethe wird und auch in seine Werke eingeht.	4
1755	Frankfurt a. M.	Philipp Friedrich Seidel, Goethes Kammerdiener und Sekretär (bis 1810) als Sohn eines Spenglers in Frankfurt am Main geboren. Als Siebzehnjähriger schreibt er die erste Fassung des *Götz* ab.	6

Jahr	Ort	Ereignis	Alter
1759 –1763	Frankfurt a. M.	Während der französischen Besetzung Frankfurts besucht Goethe **das französische Theater** und hat erste Berührungen mit der Welt der Schauspieler.	10–14
1765 –1768	Leipzig	Goethe **studiert die Rechte**, hört aber auch anderes: Vorlesungen zur Literatur und lernt Gellert und Gottsched kennen. – Freundschaft mit Ernst Wolfgang Behrisch (Hofrat, später Prinzenerzieher und Hofrat in Dessau) und Liebe zu Käthchen Schönkopf, der Tochter eines Zinngießers.	16–19
1766	Leipzig	Eröffnung **des neuen festen Theaterbaus** mit Johann Elias Schlegels *Hermann*, unter den Zuschauern Goethe.	17
1768	Frankfurt a. M.	Goethe kehrt nach einem Blutsturz krank nach Hause zurück. Er liest Wieland, Shakespeare u. a.	19
1770	Straßburg	**Er setzt sein Rechtsstudium fort** und schließt es als Lizentiat der Rechte ab, was ihm ermöglicht, als Advokat zugelassen zu werden. Er lernt Herder und Dichter des **Sturm und Drang** (Jung-Stilling, Heinrich Leopold Wagner, Jakob Michael Reinhold	21

Jahr	Ort	Ereignis	Alter
		Lenz) kennen. Im Straßburger Kreis werden ihm Pindar, Homer, die englische Dichtung, voran **Shakespeare** und **Ossian**, Oliver Goldsmith nahe gebracht. Herder weist ihn auf Hamann und die Volkspoesie hin. Er begeistert sich für das Straßburger Münster, dessen Turm er bald nach seiner Ankunft besteigt.	
1770	Sesenheim	Besuch bei Friederike Brion. Er verliebt sich in die **Pfarrerstochter von Sesenheim**, am 7. August ohne Erklärung Abschied.	**21**
1771	Straßburg	Goethe sammelt während der Straßburger Zeit, Herders Anregung folgend, Volksballaden, darunter das *Lied vom Herrn von Falkenstein*, die Auswirkungen auf die Bauernszenen und die Textgestaltung im *Götz* hatten.[7]	**22**
	Frankfurt a. M.	Rückkehr nach Hause.	
	Frankfurt a. M.	Goethe feiert mit Freunden und mit „großem Pomp" **Shakespeares Namenstag**; er hält seine berühmte Rede *Zum Schäkespears Tag*.	

7 Goethe fand das Lied 1771, Herder nahm es in seine Sammlung *Stimmen der Völker in Liedern* (1778/1779). Das Lied wirkte auf den *Götz*. Die dort vom Herrn bedrängte „Magd" würde gegen den Herrn kämpfen, wenn sie „scharfe Messer" tragen dürfte „wie unsers Herrn sein Knechten". Sowohl der rebellische Ton, gegen den Herrn mit Waffengewalt anzutreten, als auch sich auf bewaffnete Knechte zu berufen erinnern an Goethes Bauern und Knechte im *Götz*.

Jahr	Ort	Ereignis	Alter
1772	Frankfurt a. M.	Freunde Goethes sind Hauptredakteure der *Frankfurter Gelehrten Anzeigen*. Es ist der Sammelpunkt für die Sturm-und-Drang-Bewegung 1772. Goethe (seit März) und Herder (seit April) gehören zu den wichtigsten Mitarbeitern der Redaktion.	23
	Wetzlar	Goethe als Praktikant am **Reichskammergericht**; verliebt sich in Charlotte Buff. Der Selbstmord des Studienkollegen Jerusalem (30. Oktober 1772) geht in den Stoff des Romans *Werther* ein. Ende der speziellen juristischen Tätigkeit Goethes; er schätzt sein Talent dafür als „der geringsten eines" ein (Brief an Kestner vom 25. Dezember 1773). Seine juristischen Examina sind ihm dienlich bei der Tätigkeit in Weimar.	
	Frankfurt a. M.	Rückkehr nach Hause.	
1774	Frankfurt a. M.	Knebel vermittelt Goethes **Bekanntschaft mit dem Erbprinzen Karl August von Weimar**, Klopstock besucht ihn. Nach dem Erscheinen des Romans *Die Leiden des jungen Werthers* wird Goethe berühmt.	25

Jahr	Ort	Ereignis	Alter
1775	Frankfurt a. M.	Liebe und Verlobung mit Lili Schönemann, brieflich sich äußernde Liebe zur Gräfin Auguste von Stolberg, die er nie sehen wird.	26
	Schweiz	Erste Reise in die Schweiz.	
	Weimar	Abreise am 30. 10., nachdem Karl August am 3. 9. die Regierung angetreten hat, **Ankunft am 7. 11.**	
1776	Weimar	Geheimer Legationsrat mit Sitz und Stimme im Geheimen Conseil, tritt am 25. Juni in den **Staatsdienst**. Er übernimmt bis 1782 folgende Kommissionen, vergleichbar mit Ministerien, und arbeitet bis zum Februar 1785 fast ununterbrochen in ihnen: Bergwerkskommission, Wegebaudirektion, Kriegskommission, Kammer- und Finanzverwaltung, Ilmenauer Steuerkommission. – Liebe zu **Charlotte von Stein**. Aufgaben bei Hofe, lädt Herder nach Weimar ein. Setzt gegen die Geistlichkeit Herders Berufung zum Weimarer Generalsuperintendenten durch.	27
	Weimar	Herder trifft mit seiner Familie ein.	
1779	Weimar	Goethe wird zum Geheimen Rat ernannt.	30

Jahr	Ort	Ereignis	Alter
	Schweiz	Zweite Reise.	
1781	Weimar	Naturwissenschaftliche Studien.	32
1782	Weimar	Er wird **geadelt**, zu seinen bisherigen Aufgaben kommt die Leitung der Finanzkammer hinzu. Goethes Vater stirbt.	33
1784	Weimar	Goethe findet den **Zwischenkieferknochen** beim Menschen.	35
1786	Karlsbad Italien	Sommer in Karlsbad. Heimlich flieht er von dort nach Italien und kommt am 29. Oktober in **Rom** an.	37
	Rom	Als „Maler Philipp Möller (Filippo Miller) aus Leipzig" trägt er sich in die Bevölkerungsliste ein. Er wohnt bei dem Maler Tischbein und muss mit bescheidenen Verhältnissen vorlieb nehmen.	
1788	Weimar	Rückkehr, lernt **Christiane Vulpius** kennen und lieben, und lebt von nun an zum Entsetzen des Weimarer Adels mit ihr zusammen.	39
1789	Weimar	Sohn August geboren, stirbt 1830 in Rom und wird dort beerdigt.	40
1790	Italien Schlesien	Zwischen März und Juni die **zweite Italienreise**. Nach Schlesien in der Begleitung Karl Augusts, der als General in Preußens Diensten steht, zu preußischen Truppenmanövern.	41

Jahr	Ort	Ereignis	Alter
1791	Weimar	1791–1817 Direktor des Hoftheaters, Materialsammlung zur ***Farbenlehre.***	42
1792	Frankreich	1792–1793 Feldzug. Teilnahme an der Belagerung von Mainz.	43
1794	Weimar, Jena	Beginn der **Freundschaft und des Briefwechsels mit Schiller.**	45
1797	Schweiz	Dritte Reise.	48
1799	Weimar	Im Dezember siedelt Schiller von Jena nach Weimar über.	50
1805	Weimar	9. Mai: Tod Schillers. Freundschaft mit Zelter.	55
1806	Jena	**Schlacht bei Jena und Auerstädt**: Das Heilige Römische Reich Deutscher Nation geht unter; die preußisch-sächsische Armee wird geschlagen. Die Franzosen plündern Weimar, Goethes Haus bleibt dank des Einsatzes von Christiane verschont. Allerdings bedrohen ihn französische Marodeure, die von Christiane und einem im Haus befindlichen Flüchtling hinausgejagt werden. Am 19. Oktober lässt sich Goethe mit Christiane **trauen**.	57
1807	Weimar	Tod der Herzogin Anna Amalia. Goethe geht dem Tod aus dem Weg; kaum in seinem Leben sieht er einen Toten. Liebe zu Minna Herzlieb.	58

Jahr	Ort	Ereignis	Alter
1814	Rhein und Main	Reisen. Liebe zu Marianne von Willemer.	65
1816	Weimar	6. Juni: **Tod Christianes.**	67
1823	Weimar	Johann Peter Eckermann besucht Goethe. Er wird Mitarbeiter und Nachfolger Riemers. Reise nach Marienbad und Eger.	74
	Marienbad und Eger	Verliebt sich in Ulrike von Levetzow.	
1828	Weimar	Der Großherzog Karl August stirbt.	79
1832	Weimar	**Tod** Goethes am 22. März in seinem 83. Lebensjahr.	82

1.2 Zeitgeschichtlicher Hintergrund

Als die Glocken im wohlhabenden Frankfurt am Main am 28. August 1749 die Mittagsstunde einläuteten, erklangen sie für einen neuen Erdenbürger: Er sah schwarz aus, durch Sauerstoffmangel und Kreislaufstörungen, und war scheinbar tot. Schuld hatte wohl die Wehmutter, wie man die Hebamme damals nannte. Nachdem man ihm die Herzgrube mit Wein[8] eingerieben hatte, so heißt es[9], erscholl ein Ruf durch das Haus „Rätin, er lebt". Am folgenden Tage wurde das Kind auf den Namen Johann Wolfgang Goethe getauft.

Unterschied zwischen dem Dichter und dem Menschen

Goethe selbst hat später nachdrücklich zwischen sich als Dichter und sich als Menschen unterschieden und diese Trennung auch seinen Lesern empfohlen: „Den Dichter könnt ihr mir nicht nehmen, / Den Menschen geb ich euch preis; / Auch der darf sich nicht schämen, / Greift doch an euren Steiß."[10] Er stammte aus einem gebildeten und wohlhabenden Haus und hatte dadurch eine bemerkenswerte frühe Bildung. Seine Studien begann er in Leipzig, sie waren alles andere als planmäßig oder gar effektiv. Seine juristische Ausbildung betrieb er nur mäßig. Erst in Straßburg konnte er die Studien mit dem Lizentiaten abschließen, ohne zum Entsetzen des Vaters den erstrebten Doktortitel zu erreichen. Hier erlebte er aber den Durchbruch als Künstler in einer sich bildenden künstlerischen Jugendbewegung.

---

8 Beschrieben hat die Geburt mit all ihren Schwierigkeiten Bettina von Arnim: *Goethes Briefwechsel mit einem Kinde*. 4. November 1810. In: Bettina: Ein Lesebuch für unsere Zeit. Weimar 1954, S. 219: „Sie ... bäheten Dir die Herzgrube mit Wein, ganz an Deinem Leben verzweifelnd."

9 Besonders die Hüter des Goethe-Nachruhms wehren sich gegen die Behauptung, Goethe sei durch eine Massage mit Wein am Leben geblieben. Seriöse Goethe-Biografen verwenden die Aussage kommentarlos: Vgl. Friedenthal, S. 7

10 Goethe: *Zahme Xenien VIII.* In: BA, Band 2, S. 376

Herder war für ihn der maßgebliche Partner geworden. Goethe hatte den Freund betreut, als er mehrfach an einer Augenfistel operiert werden musste. Bei einem schweren Eingriff hatte er dem Chirurgen sogar assistiert. Der Lohn dafür war eine völlig neue Kunst- und Weltsicht. In deren Zentrum standen die Volksdichtung und Shakespeare. Herder sah Goethe nach den ersten literarischen Erfolgen, bei aller Kritik des *Götz von Berlichingen*, als die deutsche Entsprechung zu Shakespeare. Seinen Aufsatz *Shakespeare* beendete Herder mit der Anrufung Goethes und der Ankündigung des *Götz* in der Tradition Shakespeares, mit einer Ansprache an den Freund: „Glücklich, dass ich noch im Ablaufe der Zeit lebte, wo ich ihn (Shakespeare, R. B.) begreifen konnte und wo du, mein Freund, der du dich bei diesem Lesen erkennest und fühlst und den ich vor seinem heiligen Bilde mehr als einmal umarmet, wo du noch den süßen und deiner würdigen Traum haben kannst, sein Denkmal aus unsern Ritterzeiten in unsrer Sprache, unserm so weit abgearteten Vaterlande herzustellen."[11]

Der Einfluss Herders und Mösers

Durch Herder lernte Goethe in Straßburg auch die Arbeiten Justus Mösers kennen. Sie bewunderte er. Darunter befand sich auch Mösers Abhandlung *Von dem Faustrecht*. Sie beginnt mit einem Satz, der die Bestätigung für Götz von Berlichingens Alleinkampf gegen die Welt enthält: „Die Zeiten des Faustrechts in Deutschland scheinen mir allemal diejenigen gewesen zu sein, worin unsre Nation das größte Gefühl der Ehre, die mehrste körperliche Tugend und eine eigene Nationalgröße gezeiget hat."[12] Darin fand Goethe jene Begeisterung für „das Genie

---

11 *Herder – Goethe – Möser*, S. 91

12 Justus Möser: *Von dem Faustrecht* (1770) in den *Osnabrückern Intelligenzblättern*. Unter dem Titel *Der hohe Stil der Kunst unter den Deutschen* aufgenommen als Nr. 54 in die *Patriotischen Phantasien*. Sämtliche Werke. Neu geordnet und aus dem Nachlasse desselben gemehrt durch B. R. Abeken. Berlin: Verlag der Nicolaischen Buchhandlung 1842, 1. Teil, S. 395

und den Geist"[13], für die Zeiten des Faustrechts und der Ritterschaft, für mittelalterliche, ständisch geprägte Ordnungen, die ihn zu Götz von Berlichingen führte. Männlichkeit und Ehrlichkeit, Kraft und Ursprünglichkeit waren die Merkmale, die Goethe von Möser bezog und auf seinen Götz übertrug. Dass dieser ein Raubritter war, tat nichts zur Sache. Möser entschuldigte: „Die einzelnen Räubereien, welche zufälligerweise dabei unterliefen, sind nichts in Vergleichung der Verwüstungen, so unsre heutigen Kriege anrichten."[14] Möser sah sogar in Rousseau einen Vertreter des Faustrechts, weil darin die individuelle Stärke zum natürlichen Recht gemacht wurde, „das Recht des Privatkriegs unter der Aufsicht der Landfriedensrichter"[15].

Lebensführung, Lebensauffassung und Literatur stimmten in der Frühphase am deutlichsten überein. Als Goethe nach seinem Straßburger Aufenthalt in seine Heimatstadt zurückkehrte, beantragte er seine Zulassung als Rechtsanwalt. Bis zum Aufbruch nach Weimar führte er 28 Prozesse, Belanglosigkeiten zumeist: Bei einem treulosen Archivar wurde Geld eingetrieben, er klagte gegen zwei in eine Wirtshaus-Schlägerei verwickelte Bäckergesellen und führte „den Nachweis, dass die Bürger aus Nieder-Erlenbach niemals verpflichtet waren, den Bewohnern von Dörchelweiler das Heu nach Frankfurt zu fahren"[16]. Tatsächlich interessierten ihn die literarischen Anregungen stärker. Schon 1770 hatte er in einem Brief geschrieben, dass „neben Öser und Schäkespearen ... Wieland noch der einzige" sei, den er als echten Lehrer anerkenne.[17] Zum Namenstag William Shakespeares lud er am 14. 10. 1771

13 ebd., S. 396
14 ebd.
15 ebd., S. 398
16 Tilman Jens: *Goethe und seine Opfer. Eine Schmähschrift*. Düsseldorf: Patmos Verlag, 1999, S. 41
17 Brief vom 20. Februar 1770 an Philipp Erasmus Reich (1717–1787) In: Götting, S. 15

die Frankfurter Verehrer Shakespeares und Freunde zu einer Feier ins elterliche Haus ein, für die er seine berühmte Rede „Zum Shakespeare-Tag" (bei Goethe: „Zum Schäkespears Tag") schrieb. Es wurde, wie Goethe angekündigt hatte, eine Feier mit „großem Pomp". Das Haushaltsbuch des Vaters weist sogar Musiker aus, die bezahlt wurden.[18]

Die Beschäftigung mit Shakespeare

Die Rede ist eine der ersten und wichtigsten Schriften für den Sturm und Drang. Sie bereitet *Götz von Berlichingen* vor. Wenn Goethe aus Shakespeares Werken ableitete, alles in der Welt drehe sich um den geheimen Punkt, in dem „das Eigentümliche unsres Ichs, die prätendierte Freiheit unsres Willens, mit dem notwendigen Gang des Ganzen zusammenstößt"[19], so hatte er den wesentlichen Vorgang seines *Götz von Berlichingen*, wenn auch in abstrahierter Weise, beschrieben. In ihr wurde der von Gottsched propagierte Regelkanon des klassizistischen französischen Theaters zurückgewiesen. Damit wurde auch die Dreieinheit des Aristoteles, die von Ort, Zeit und Handlung, abgelöst, allerdings nur einige Jahre, denn in der *Iphigenie auf Tauris* (1779–1786) dominierte sie bereits wieder.[20] An die Stelle von strenger Form und Dreieinheit traten Natur, Originalität und Ursprünglichkeit.

Goethe selbst hat in seiner Wunschbiografie *Dichtung und Wahrheit* zugegeben, dass Dichtung und Leben bei ihm keineswegs miteinander übereinstimmten, seine Lebensbeschreibung Dichtung und nur als solche wahr ist und Dichtung notwendiges Mittel war, um das Leben in der Erinnerung zu

18 Eine eindrucksvolle Beschreibung dieser Feier findet sich bei Sigrid Damm: *Cornelia Goethe*. Berlin und Weimar: Aufbau-Verlag, 1987, S. 118 f.

19 Goethe: *Zum Schäkespears Tag*, BA 17, S. 187 f.

20 Merkwürdig ist, dass sich in dem berühmten Text ein erster Hinweis auf Goethes Kenntnis der Iphigenie befindet. Wenn Shakespeare den Orest spiele, würde Goethe gern der Pylades sein. ebd.

korrigieren. So sah er sich durch seinen *Werther* „aus einem stürmischen Elemente gerettet, auf dem ich durch eigene und fremde Schuld, durch zufällige und gewählte Lebensweise, durch Vorsatz und Übereilung, durch Hartnäckigkeit und Nachgeben auf die gewaltsamste Art hin und wieder getrieben worden."[21] Nur brachte die **Rettung des Dichters** für Werther den Tod. Die Zeitgenossen sahen die Gefahr, die davon ausging. Friedrich Nicolai lobte zwar Werthers Charakter als „trefflich geeignet" für die Literatur, „aber wer im wirklichen Leben Werthers Denkungsart und Handlungsweise nachahmen will, ist ein Narr."[22] Vorsichtiger, aber nicht weniger deutlich beschrieb Lessing die Gefahren und wünschte, Goethe hätte „ein paar Winke" gegeben, „wie Werther zu einem so abenteuerlichen Charakter gekommen" sei.[23]
Menschliches ist Goethe nicht fremd: Er beschäftigt sich immer mit dem Thema von Leben und Tod, es durchzieht den *Götz* und den gesamten *Faust*; vor dem Tod hatte er Angst.

Goethes Angst vor dem Tod

Der Dichter Goethe kann diese Angst besiegen. Wer in seinen Werken stirbt oder vom Tod bedroht ist, wird erlöst. Immer sind es die Frauen, die erlösen; erlöst werden die Männer. Frauen werden durch Götter gerettet: Gretchen wie Iphigenie. Faust wird durch die Engel und die Mater Gloriosa, in der wir uns neben Maria auch Gretchen denken dürfen, vor der Hölle bewahrt. Egmont wird durch Klärchen in der Gestalt der „Freiheit in himmlischen Gewand" erlöst, die im Traum erscheint, Orest durch Iphigenie. Seine Erlösung wird zur Voraussetzung gleichberechtigten Lebens von Iphigenie und Thoas, Griechen und Skythen.

---

21 Goethe: *Aus meinem Leben. Dichtung und Wahrheit.* Berlin 1960, BA Bd. 13, S. 631 f.
22 Friedrich Nicolai: *‚Kritik ist überall, zumal in Deutschland nötig'. Satiren und Schriften zur Literatur.* Leipzig und Weimar: Gustav Kiepenheuer Verlag, 1987, S. 153
23 ebd.

Auch Götz stirbt einen ruhigen Tod im Beisein von Frau und Schwester; er ist weder tragisch noch traurig, sondern eine **Erlösung**, die ihn in den Himmel und die Freiheit entführt und das irdische Jammertal zurücklässt. Der Abschluss des Schauspiels erschüttert nicht, sondern entlässt den Zuschauer oder Leser in ruhiger Gelassenheit. Götz bekommt am Ende des Stückes eine fast überirdische Größe, die den Tod vergessen macht.

Goethe in Weimar

Am 7. November 1775 fährt Goethe in Weimar ein; ein musenfreundlicher Hof dank der Herzogin Anna Amalia empfängt ihn. Die Zeit des Sturm und Drang aber war für ihn vorüber; ein *Götz von Berlichingen*, der aufbegehrende Ritter, hatte im Umkreis höfischer Ordnung, in die sich Goethe schnell und komplikationslos einordnete, keine Bedeutung mehr. Dass sich Goethe schwer tat, sein Stück für die Weimarer Bühne einzurichten, hat nicht nur dramaturgische Gründe gehabt. Vielmehr riet er von dem Stück ab, auf das er in der Zeit vor der Ankunft in Weimar so große Hoffnungen gesetzt hatte: „Auf seine gute Natur verlass ich mich, er wird fortkommen und dauern."[24] Daraus war schließlich „eine angeborne Unart" geworden, wie er am 14. Juni 1804 an Iffland schrieb, die „schwer zu meistern" sei. Er hielt den *Götz*, der bei seinem Erscheinen die gesamte Theaterwelt in Aufregung versetzt hatte, nun für „antitheatralisch" (an W. v. Humboldt am 30. Juli 1804).
Auch die Ansichten des Sturm und Drang wurden nicht in die alltägliche Politik übernommen; zwischen dem Dichter, der aus dem Sturm und Drang kam, und dem Minister, der seinem Herzog dienen musste, lagen Welten.

24 Brief an Kestner, August 1773. In: Hartung, S. 110

1.3 Angaben und Erläuterungen zu wesentlichen Werken

Im Schauspiel *Götz von Berlichingen* treffen sich die Bemühungen des jungen Goethe um den **Sturm und Drang**. Sie gelten vor allem Volksliedern und den darin behandelten Stoffen, nationalen Themen von Bedeutung und einem modernen Theater in der Nachfolge Shakespeares. Der 3. Akt des *Götz* ähnelt strukturell dem 1. Akt von Shakespeares *Macbeth*. So wie hier die Hexen begegnen sich dort fliehende Reichsknechte und sprechen in ähnlichen Fragen und Antworten. So wie dort wechseln bei Goethe die Szenen schnell während der Schlacht. Auch die Szene „Nacht, im wilden Wald. Zigeunerlager" im 5. Akt hat Ähnlichkeiten mit der ersten Szene von *Macbeth*. Bis in die Wechselreden (Stichomythie) des Dialoges hinein, die Satz für Satz erfolgt, lässt sich das feststellen.

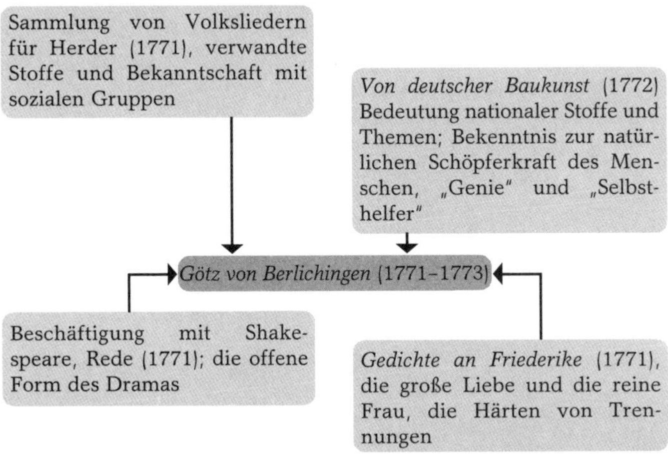

1771 November bis Dezember: *Geschichte Gottfriedens von Berlichingen mit der eisernen Hand. Dramatisiert* (Urgötz) in sechs Wochen niedergeschrieben
1772 gibt Goethe gemeinsam mit Herder und Merck die *Frankfurter Gelehrten Anzeigen* heraus, eine der bedeutendsten Zeitschriften des 18. Jahrhunderts auf dem Gebiet von Kunst und Literatur
1773 Jahresbeginn: Neufassung *Götz von Berlichingen mit der eisernen Hand* entsteht und erscheint anonym im Juni 1773. Arbeit am *Urfaust*
1774, 12. 4.: Uraufführung des *Götz von Berlichingen* in Berlin durch die Theatertruppe von Heinrich Gottfried Koch. Um dem Publikum entgegen zu kommen, wurde ein Zigeunerballett eingefügt. Das Schauspiel wurde fünf Mal hintereinander mit großem Erfolg aufgeführt. Am 24. 10. folgte eine Inszenierung durch die ackermannsche Truppe in Hamburg, die weit weniger erfolgreich war. Bereits in der zweiten Vorstellung nahm die Zahl der Zuschauer ab.
1804 Aufführung der Bühnenbearbeitung des *Götz* am Weimarer Theater. Die Musik stammte von Karl Friedrich Zelter. Die Premiere dauerte sechs Stunden.
1806 Abschluss von *Faust. Erster Teil*
1811–1814 Arbeit an *Dichtung und Wahrheit* (Bände 1–4)
1829 Uraufführung von *Faust. Erster Teil* in Braunschweig

2. Textanalyse und -interpretation

2.1 Entstehung und Quellen

Der Selbsthelfer Götz von Berlichingen

Während seines Studiums 1770 in Straßburg hatte sich das Interesse für Götz von Berlichingen, „die Gestalt eines rohen, wohlmeinenden Selbsthelfers in wilder, anarchischer Zeit"[25], herausgebildet und Goethes größte Aufmerksamkeit gefunden. Grund dafür war die Lektüre von **Götzens Lebensbeschreibung** gewesen, die den aufwendigen, aber durchaus zeitüblichen Titel trug: „Lebens-Beschreibung Herrn Gözens von Berlichingen, Zugenannt mit der Eisern Hand, Eines zu Zeiten Kaysers Maximiliani I. und Caroli V. kühnen und tapfern Reichs-Cavaliers, Worinnen derselbe 1.) alle seine von Jugend auf gehabte Fehden, und im Krieg ausgeübte That-Handlungen, 2.) seine in dem Bauern-Krieg A. 1525 widerwillig geleistete Dienste, und dann 3.) einige andere, außerhalb dem Krieg und denen Fehden, gethane Ritter-Dienste aufrichtig erzehlet, und dabey seine erlebte Fatalitäten mit anführet" (Nürnberg 1731).

Götz von Berlichingens Biografie

Da Herder, mit dem Goethe in Straßburg intensiven Kontakt hatte, ihm bereits manche Vorliebe ausgetrieben hatte und ein strenger Erzieher war, verschwieg er ihm gegenüber, dass sich Götz und auch Faust als „poetische Gestalten" bei ihm „eingewurzelt hatten"[26]. Daraus „baute sich nach und nach" das Stück in Goethes „Geiste zusammen, das Studium des fünfzehnten und sechzehnten Jahrhunderts beschäftigte mich"[27]. Aber es ent-

25 Goethe: *Dichtung und Wahrheit*, BA 13, S. 446
26 ebd.
27 ebd., S. 546 f.

standen keine Manuskripte. Während seiner Wetzlarer Zeit am Kammergericht (1772) nahm er an einer Rittertafel der jungen Richter und Beamten teil, die ihm den Namen „Götz von Berlichingen, der Redliche" verlieh. Da war der *Urgötz* inzwischen geschrieben.

Immer wieder hatte Goethe sich seiner Schwester gegenüber darüber ausgelassen, wie die Lebensbeschreibung des Götz von Berlichingen die vorhandenen dramatischen Strukturen sprenge, wenn man sie auf die Bühne bringen wolle, wie sehr sie Shakespeares Geist atme. Die Schwester Cornelia wurde ungeduldig und forderte ihn auf, „endlich einmal das, was mir so gegenwärtig wäre, auf das Papier festzubringen."[28] Ende November 1771 begann Goethe mit der Arbeit. In sechs Wochen schrieb er 1771 sein erstes wesentliches Schauspiel *Geschichte Gottfriedens von Berlichingen mit der eisernen Hand. Dramatisiert*, den *Urgötz*. Cornelia nahm intensiven Anteil, zollte den abends vorgelesenen Szenen Beifall und reizte ihn, indem sie an seiner Beharrlichkeit, das Stück zu Ende zu führen, zweifelte. Goethe schrieb das Werk nach historischen Studien, aber „erstaunte zehn Jahre später über die Wahrheit meiner Darstellung. Erlebt und gesehen hatte ich bekanntlich dergleichen nicht, und ich musste also die Kenntnis mannigfaltiger menschlicher Zustände durch Antizipation besitzen"[29].

Reaktionen auf die 1. Fassung

Das fertige Werk schickte er Herder und Merck zu, aber nur Goethes großzügiger Mäzen Merck, der es auch auf eigene Kosten verlegte – Goethe lieferte das Papier –, war damit einverstanden. Herder hatte **Einwände** und äußerte sich, wie sich Goethe in seiner Autobiografie erinnerte, „unfreundlich und hart", verspottete Goethe in „einigen gelegentlichen Schmähgedichten"[30]. Tatsäch-

28 ebd., S. 613
29 Eckermann, S. 114
30 Goethe: *Dichtung und Wahrheit*, BA 13, S. 613 f.

lich war Herders Kritik, die wir nur in wenigen Bruchstücken im Wortlaut kennen, sachlich und hilfreich: Er warf Goethe vor, sich von Shakespeare zu sehr habe bestimmen lassen und dadurch manches nur „gedacht", nicht gestaltet zu haben. Goethe hatte Zustimmung erwartet. Herder aber tadelte, „dass euch Shakespeare ganz verdorben". Aus Goethes Antwort ist zu entnehmen, dass er sehr wohl „gleich in ihrer ganzen Stärke" die Kritik erkannte und annahm: Das Stück „muss eingeschmolzen, von Schlacken gereinigt, mit neuem edlerem Stoff versetzt und umgegossen werden"[31]. Im Übrigen empfahl Herder das Manuskript wohlwollend an Goethes Freunde. An seine spätere Frau Karoline Flachsland (1750–1809) schrieb er im Juli 1772: „Ich schicke nächstens Goethens ‚Berlichingen' zurück; da wird er ihn wohl Mercken schicken, und denn werden auch Sie einige himmlische Freudenstunden haben, wenn Sie ihn lesen. Es ist ungemein viel deutsche Stärke, Tiefe und Wahrheit drin, obgleich hin und wieder es auch nur gedacht ist."[32] Herder hatte damit Goethes Anspruch, ein historisches Stück mit einem repräsentativen nationalen Anspruch in der Manier Shakespeares zu schreiben, durchaus bestätigt.

Das Schauspiel von 1773 – die zweite Fassung

Die Kritik nahm Goethe zum Anlass, um aus dem ersten ein zweites, fast neues Stück zu schreiben: *Götz von Berlichingen mit der eisernen Hand. Ein Schauspiel.* Es entstand vom Januar bis zum März 1773. Goethe wollte es nicht veröffentlichen, aber Merck drängte mit der sprichwörtlichen Wendung: „Beizeit auf die Zäun', so trocknen die Windeln!"[33] Goethes Schauspiel erschien 1773 im Selbstverlag, die ursprüngliche Fassung, als *Urgötz* bezeichnet, erst aus dem Nachlass 1832.

31 Hartung, S. 86
32 Bode, Band 1, S. 30
33 Goethe: *Dichtung und Wahrheit*, BA 13, S. 615

Parallel zum Schauspiel entstand die Schrift *Von Deutscher Baukunst*, die im November 1772 selbständig, 1773 im programmatischen Heft des Sturm und Drang *Von deutscher Art und Kunst* erschien. Während Goethe mit dieser Schrift Anschluss an die theoretischen Bemühungen Herders und Justus Mösers bekam, wurde er mit dem Schauspiel zum poetischen Führer der Bewegung.

Unter Goethes Werken ist es neben Gedichten der *Götz*, der am deutlichsten die Zuordnung zum Sturm und Drang erfahren kann. Da sind die volkstümlichen Rechtsverfahren (Feme, Zigeuner), die sozialen Bewegungen (Bauernkrieg, Ritter gegen Obrigkeit), die Manier Shakespeares, die geübt wird. Am 16. September 1773 gaben die „Neuen hallischen Gelehrten Zeitungen" das Geheimnis preis. Man nannte Herrn Göthe zu Frankfurt am Main als Verfasser.[34] Die Uraufführung fand am 12. April 1774 in Berlin statt. – Goethe hat sein Stück 1804, 1806, 1809 und 1819 umgearbeitet, immer im Bewusstsein, die künstlerischen Schwächen zu beseitigen. Das Stück wurde nicht nur auf deutschen Bühnen gespielt, wo es zuerst Erfolge feierte, sondern auch im Ausland; außerdem zog es eine Reihe von Ritterdramen nach sich (s. S. 112).

Der Stoff und Quellen

Die Ursache dafür war der von Goethe gewählte **Stoff.** Er war spannend, voller kämpferischer Ereignisse und entsprach der Sehnsucht der deutschen Leser nach einer Würdigung ihrer Vergangenheit. Goethes Griff zum Stoff des Götz von Berlichingen war ein Glücksfall. Mühsam nahmen sich im 17. und 18. Jahrhundert die Dichter historischer Stoffe an. Das lag an der deutschen Geschichte selbst, die „aus Mangel eines einzigen Regentenhauses kein allgemeines nationales Interesse", so sagte Goethe zu Eckermann, entwickelte. Versuche wie Johann

34 Vgl. Oscar Fambach: *Goethe und seine Kritiker. Düsseldorf* 1953, S. 436 f.

Elias Schlegels *Hermann*[35] (1737) und Klopstocks *Hermanns Schlacht* (1769), dem zwei weitere *Bardieten für die Schaubühne* folgten, hatten keine Wirkung. Schlegels Stück inspirierte Goethe, nach historischen Stoffen zu suchen, die patriotischen Ansprüchen genügten. Es war der Weg zu *Götz*. Goethe hatte Erfolg: „Ich tat einen glücklichen Griff mit meinem ‚Götz von Berlichingen', das war doch Bein von meinem Bein und Fleisch von meinem Fleisch, und es war schon etwas damit zu machen."[36] Der Roman *Usong* des Schweizers Albrecht von Haller gab das Motto: „Das Unglück ist geschehen, das Herz des Volkes ist in den Kot getreten und keiner edeln Bewegung mehr fähig."[37] Die wichtigste Quelle war Götzens Autobiografie, die 1731 in Nürnberg erschienen war. Zahlreiche Stellen dieser *Lebens-Beschreibung Herrn Gözens von Berlichingen, Zugenannt mit der Eisern Hand ...*[38] wurden von Goethe wörtlich übernommen oder in Handlung umgesetzt. –
Das in folgenden beiden Beispielen verwendete „ausgerieben" bedeutete einen Badenden abzureiben, zu frottieren. Aber schon der Herausgeber der Lebensbeschreibung Georg Tobias Pistorius merkte 1731 an, das sei metaphorisch zu verstehen und bedeute, Götz habe dem Bischof die Bade-Kur übel bekommen lassen.

35 Schlegels Stück erschien 1743 in Gottscheds Dramensammlung *Die Deutsche Schaubühne*, Band 4, Leipzig. Am 6. Oktober 1766 wurde das neue Leipziger Theater mit diesem Stück eröffnet, das „ungeachtet aller Tierhäute und anderer animalischen Attribute, sehr trocken ablief", so der Zuschauer Goethe in einer Vorarbeit zu *Dichtung und Wahrheit* BA 16, S. 391.

36 Eckermann, S. 228

37 Tatsächlich lautete das Zitat: „Aber das Übel ist geschehen, das Herz des Volkes ist in den Kot getreten und keiner edlen Begierden mehr fähig."

38 *Lebens-Beschreibung Herrn Gözens von Berlichingen*. Nach der Ausgabe von 1731 hrsg. von Albert Leitzmann. Halle (Saale) 1916

Lebensbeschreibung:
Indem aber erfuhr ich, dass er der Bischof von Bamberg gen Göppingen in Sauerbronnen ins Wildbad geritten war, und wolt baden für den reißenden Stein, so hett ich es gut im Sinn, ich wolt ihm das Bad gesegnet und ihn ausgerieben haben.

Schauspiel: ... alles war aufs genaueste verkundschaft, wann der Bischof aus dem Bad käm, mit wieviel Reitern, welchen Weg; und wenn's nicht wär durch falsche Leut verraten worden, wollt er ihm das Bad gesegnet und ihn ausgerieben haben (S. 6)

Goethe benutzte auch die *Chronica* (1531) Sebastian Francks, um einen Kometen zu beschreiben, der 1527 zu sehen war und als ein grausamer Komet galt:[39]

Franck:
... Blutfarb oder gleich gelbrot. Sein häupt oder anfang ist gewesen ein gebogner Arm, der hett in seiner Hand ein überaus groß Schwert. ... An dieses Schwerts spitzen von seiten drey fast grosse Sternen, die an den spitzen am grösten erschienen. Von diesen Sternen thet sich ein breiter Wolckenfarben striemeter Schwantz ...

Schauspiel:
Wie ein gebogner Arm mit einem Schwert sieht er aus, so blutgelbrot. ... Hast du die drei Stern gesehen an des Schwerts Spitze und Seite? ... Und der breite wolkenfärbige Streif, mit tausend und tausend Striemen wie Spieß', und dazwischen wie kleine Schwerter. (S. 94)

39 Vgl. Düntzer, S. 123 f.

Andere Quellen waren **rechtshistorische Werke**, über die Goethe in seiner Autobiografie *Dichtung und Wahrheit* Auskunft gab. Goethe erwähnte im 12. Buch im Zusammenhang mit dem *Götz* Johann Philipp Datts (1654–1722, Jurist in Esslingen und Stuttgart) *De pace publica (Neues Werk über die deutschen Verhältnisse oder Die 5 Bücher über den allgemeinen Frieden des Reiches)* (1698). Goethe nahm besonders die seltsamen Einzelheiten des Werkes auf, wie er schrieb, wozu eine Darstellung eines Femegerichtes gehörte. Sie schlug sich in der Beschreibung des „heimlichen Gerichts" (S. 115) nieder. Auf Justus Mösers berühmte Schrift *Von dem Faustrecht* war bereits hingewiesen worden. (Vgl. S. 18 dieser Erläuterung). Auch Bilder gehörten zu den Quellen, ein Kupferstich aus einer historischen Chronik von 1633: Die Frau des Grafen von Helfenstein, eine natürliche Tochter Kaiser Maximilians I., wirft sich Bauernführern zu Füßen, um für ihren Mann zu bitten. Die so genannte Helfenstein-Szene entstand daraus, sie findet sich nur im *Urgötz*: „Nacht. Eine halbverfallne Kapelle auf einem Friedhof". Im Schauspiel von 1773 steht eine kurze Zusammenfassung der Szene, die Helfensteins Tod beschreibt (S. 99) und eine Bemerkung, die auf sie verweist. Götz rügt den Bauernführer Metzler: „Du Nichtswürdiger! Glaubst du, dass du mir fürchterlicher bist, weil des Grafen von Helfenstein Blut an deinen Kleidern klebt?" (S. 106)

Einige historische und juristische Quellen:	
Sebastian Franck	*Chronica* (1531)
Johann Philipp Datt	*Volumen rerum Germanicarum novum sive de pace imperii publica libri V* (1698)
Götz von Berlichingen	*Lebens-Beschreibung Herrn Gözens von Berlichingen* (1731)
Achilles Augustus von Lersner	*Chronika der Reichsstadt Frankfurt* (1734)
Johann Elias Schlegel	*Hermann* (1741/42), aufgeführt 1766 in Goethes Beisein
Johann Stephan Pütter	*Grundriss der Staatsveränderungen des teutschen Reiches* (1764)
Justus Möser	*Von dem Faustrecht* (1770)
Albrecht von Haller	*Usong* (Staatsroman, 1771)

2.2 Inhaltsangabe

Es gibt für das Schauspiel Aktzahlen, aber keine Szenenbezifferungen. Dafür stehen in der Regel genaue Ortsangaben wie die zur ersten Szene „Schwarzenberg in Franken. Herberge" (S. 5). **Shakespeares Vorbild** folgend wechseln die Orte von Szene zu Szene und können deshalb nicht für einen Akt oder das gesamte Stück, wie im antiken Theater, in der französischen Klassik und bei den Stücken Gottscheds, angegeben werden.

Erster Akt

In Franken, in einer Herberge, in der Bauern und Bambergische Reiter aufeinander treffen, wird über den Kampf Götzens gegen Territorialfürsten und höfischen Adel gesprochen. Die Bauern bedauern, dass ein Anschlag auf den Bischof von Bamberg misslungen ist. Die Spannungsverhältnisse werden deutlich: Einerseits setzen die Bauernführer auf Götz, andererseits ist Götzens größter Feind der Bischof von Bamberg, zu dem Weislingen, ein Jugendfreund Götzens, gehört. Aber Götz von Berlichingen steht auch in Fehde mit Kaiser und Reich, denn er als Vertreter eines sterbenden und überholten Rittertums und eines mittelalterlichen Feudalstaates kämpft gegen die neuen Mächte der Territorialfürsten und der Städte.
Es ist eine klassische Exposition: Die Kontrahenten werden durch ihre Gefolgsmänner charakterisiert.
Götz wartet in einer „Herberge im Wald" auf seine Knechte, mit denen er Weislingen fangen will. Weil der Bischof grundlos einen Knecht des Götz niedergeworfen hat, „da er sich nichts weniger versieht" (S. 5), nimmt Götz Weislingen, den einstigen Freund und jetzigen Verbündeten des Bischofs, gefangen. Beide waren früher unzertrennlich, freie Ritter, aber aus Weislingen ist durch das Lotterleben am Hofe und die Weiber ein Höfling geworden, der allerdings politisch von großem Einfluss ist, „des Bischofs rechte Hand, ein gewaltiger Herr". Georg, ein junger Begleiter („Bube") Götz', will bei dieser Gefangennahme mitwirken, muss aber, weil unbewaffnet, darauf verzichten. Der Mönch Bruder Martin trifft auf Götz – er trägt Züge Martin Luthers – und erklärt menschliche Tugenden und mönchischen Stand für unvereinbar. Martin erkennt Götz an seiner eisernen Hand.
Auf der Burg Jagsthausen erwarten Elisabeth, die Ehefrau, Maria, die Schwester, und Karl, der Sohn, Götz. Ein Reiter

bringt die Nachricht, dass Weislingen von Götz gefangen worden ist. Weislingen ist verbittert und schweigsam. Götz sprüht vor Lebenslust, erinnert sich an Siege über den Bischof und an Erlebnisse mit Franz von Sickingen. Als Gefangener des Götz wird Weislingen erneut im ausführlichen Gespräch über Götzens Ziele und Ansichten von diesem begeistert.
In Bamberg hält der Bischof Hof. Statt der rauen Offenheit herrschen hier Oberflächlichkeit und eine gezierte Überheblichkeit, deren Ausdruck zahlreiche Fremdwörter sind. Den Bischof beunruhigt, dass das Reich trotz des verkündeten Landfriedens „eine Mördergrube" sei und „von übermütigen und kühnen Rittern verheeret" werde (S. 29): von Sickingen, Selbitz und Berlichingen. Dadurch könne das Reich nicht beruhigt und das Ansehen der Gerichte nicht gefestigt werden. Das sind die Ziele, die trotz des unsympathischen Bischofs und seines Hofes geschichtliche Modernität ausmachen. Schockiert wird der Bischof durch die Nachricht, dass Weislingen gefangen worden ist.
Weislingen hat inzwischen auf Jagsthausen Maria, Götzens Schwester, lieben gelernt. Offenheit, Ehrlichkeit und Vertrauen unterstützen diese Liebe zu Maria, mit der er sich schließlich verlobt. Götz und Elisabeth segnen das Paar. Damit scheint die alte Freundschaft neu begründet und Weislingens Lösung vom Hof, sein Rückzug als selbstständiger Ritter auf sein Gut die Folge. Das bedeutet für Weislingen, seine modernen politischen Einsichten in die Strukturen von Territorialmächten und Kaisertum aufzugeben. Weislingens Diener Franz bringt Grüße aus Bamberg und erzählt von der Schönheit der Adelheid von Walldorf, was Weislingen beeindruckt und ihn fragen lässt. „Ist ihr Mann bei Hofe?" (S. 37) Franz kann ihn beruhigen, sie sei schon vier Monate Witwe.

Stichwörter/wichtige Textstellen:

!

In der ersten Szene wird Götz im Gegensatz zum Bischof **als edler Charakter**, als „der getreuherzige Berlichingen" beschrieben (S. 5), der im Gegensatz zu „den Pfaffen" ein „rechtschaffner Herr" sei. Damit sind Gegensätze genannt.
Als Götz erstmals auftritt beklagt er, dass „das bisschen Leben und Freiheit" sauer gemacht werde (S. 7). Diese Formulierung durchzieht das gesamte Stück und kehrt am Schluss wieder, als Götz im Sterben **Freiheit** findet (S. 119).
Götz vertröstet Georg auf spätere Zeiten, um in den Kampf zu ziehen: „Die künftigen Zeiten brauchen auch Männer." (S. 9)
Immer wieder wird die Natürlichkeit des Menschen betont, so auch vom Mönch Bruder Martin: „... mir kommt nichts beschwerlicher vor, als nicht Mensch sein zu dürfen" (S. 11). Das gehört zu den zentralen Bestimmungen des Menschen im Sturm und Drang.
Als Weislingen Götzens zu gut erzogenen Sohn lobt, schränkt Götz mit den berühmten Worten ein, die zu einem **Kernsatz dialektischen Denkens** wurden: „Wo viel Licht ist, ist starker Schatten." (S. 21)
Götz ist ein sympathischer Selbsthelfer, aber **historisch zu spät gekommen** und in seinen Ansichten überholt. Seinem Rittertum steht der Entwurf eines deutschen Reichs gegenüber, wie es der Bischof beschreibt: „Der Kaiser hat nichts Angelegners, als vorerst das Reich zu beruhigen, die Fehden abzuschaffen, und das Ansehn der Gerichte zu befestigen." (S. 29)

Zweiter Akt

In Bamberg hält der Bischof weiterhin Hof, inzwischen unterstützt von Adelheid. Liebetraut, Vertrauter des Bischofs, verspricht, Weislingen an den Hof zu holen. Götz hat Nürnberg Fehde angekündigt, weil sie Bamberg unterstützen, und wird von Selbitz dabei unterstützt. – Entgegen seinem Versprechen kehrt Weislingen an den Bamberger Hof zurück, nachdem ihn Liebetraut wie eine „Schnepfe" gefangen hat, und wird von diesem wendigen Hofmann wieder für den Hof begeistert und von der schönen Witwe Adelheid von Walldorf, die am Bamberger Hof lebt, an den bischöflichen Hof gefesselt. – Götz erfährt von Selbitz, dass Weislingen erneut Verrat übt. Georg wird als Reiter eingekleidet und nach Bamberg geschickt. – Weislingen verfällt Adelheid und sie tröstet ihn wegen seines Verrats an Maria: Er habe sein Ritterwort einem Feind des Reichs gegeben. Weislingen wird von Adelheid abgewiesen, sie stellt sich krank und lässt sich verleugnen: „Wenn er noch zu gewinnen ist, so ist's auf diesem Wege." (S. 49) Weislingen entschließt sich endgültig, auch zur Freude seines Dieners Franz, der ebenfalls in Adelheid verliebt ist, in Bamberg zu bleiben. – Georg berichtet Götz von dieser Entwicklung und auch, dass man von einer Heirat Weislingens mit Adelheid spreche. Adelheid überzeugt Weislingen, beim Kaiser vorstellig zu werden und „unsere Projekte zur Reife" zu bringen (S. 53). Adelheid will ihre Ländereien und Güter zurückerhalten. Danach verspricht sie Weislingen, wenn auch unverbindlich („Nun ja. Geht.", S. 54) sich selbst. Weislingen will die „Güter von übermütigen Feinden" befreien und schreckt dabei vor nichts zurück. Die Feinde will er „aufs Kissen" bringen (S. 54), also hinrichten. – Götz und Selbitz nehmen an einer Bauernhochzeit teil, durch die ein „Zwist" über Güter und Besitz beseitigt und „Ruh und Fried" wieder hergestellt werden. Während am Hofe Ränke gegen die Ritter geschmiedet werden, in denen Mord und Tod herrschen, stellen die Bauern, also die schlichten Menschen, auf andere Art, durch Hochzeit und Versöhnung, ihren Frieden wieder her und sichern den Besitz. Aber sie wissen, dass solches Verhalten seine Grenzen hat und in der Auseinandersetzung mit der feudalen Macht nichts bewirkt. Götz drängt sie, ihr Recht vor Gericht einzuklagen. Danach zieht er mit seinen Reitern gegen die Nürnberger.

Stichwörter/wichtige Textstellen:

!

Liebetraut erklärt das **Wertesystem** und wie man einen Adligen wie Weislingen fängt, mit einem „Seil um den Hals, aus drei mächtigen Stricken, Weiber-, Fürstengunst und Schmeichelei gedreht" (S. 43).
Adelheid überzeugt Weislingen, dass ein Eid durchaus unterschiedlich gültig und kein feststehender **Wert** ist: „Pflicht zu leisten! die nicht gültiger sein kann als ein ungerechter gezwungener Eid. Entbinden nicht unsere Gesetze von solchen Schwüren?" (S. 47)
Der **Besitz** ist für **Wertvorstellungen** ausschlaggebend, wie Weislingen Adelheid beschreibt: „Welche Wollust wird mir's sein, deine Güter von übermütigen Feinden zu befreien, die unruhigen Köpfe in Schwaben aufs Kissen zu bringen, die Ruhe des Bistums, unsrer aller herzustellen." (S. 54)

Dritter Akt

In „Augsburg. Ein Garten" gewinnt Weislingen den Kaiser für einen Strafzug gegen Götz, dessen entschiedenster Gegner er wird. Er kann den Kaiser dadurch überzeugen, dass er auf die beginnenden Aufstände der Untertanen verweist.
Franz von Sickingen wirbt bei Götz um die von Weislingen verlassene Maria. Die Reichsexekution, Truppen zur Bezwingung Geächteter, ist gegen Götz, der in die Acht geschickt wurde, ausgeschickt worden. Götz sammelt seine Truppen. Franz berichtet Adelheid von der Exekution und gesteht ihr seine Liebe. Lerse, ein ehemaliger Gegner Götz', den Götz

wegen seines Mutes nicht vergessen hat, stößt zu ihm. Die kurzen Szenen wechseln schnell und weisen auf den Höhepunkt des Stückes hin. Er wird mit der Schlacht zwischen Reichstruppen und Götzens Rittern erreicht. Die Szenen erinnern nachdrücklich an Stücke Shakespeares, zum Beispiel an die Eröffnung von *Macbeth* mit den Hexen- und Schlachtszenen. Reichsknechte fliehen, der Hauptmann des Reichsheeres beschließt, auf Götzens Schloss zu ziehen. Selbitz wird in der Schlacht verwundet; Götz siegt nach schwierigem Kampf. Nur wenige seiner Reiter sind ihm geblieben. Das Reichsheer ist aufgerieben und zersplittert.
Tatsächlich wird Götzens Situation immer aussichtsloser. Nach seinem verlustreichen Sieg über die Reichstruppen schickt Götz Sickingen und Maria, die geheiratet haben, weg. Er weiß um seine drohende Niederlage. Jagsthausen wird belagert; Götz soll sich ergeben. Er weist die Forderung mit seinem weltberühmten Zitat zurück. Lerse gießt auf der Burg Kugeln. Selbst die Bleifassungen der Fenster werden dafür genutzt. Im Angesicht der größten Gefahr versammelt Götz Familie und Knechte „bei Tisch" (S. 79). Es entsteht eine weltliche Abendmahlszene, in der Götz seine patriarchalische Stellung nutzt, um einen Menschheitsentwurf von Frieden und Glück zu verkünden. Er entwirft bei dem letzten gemeinsamen Beisammensein sein Ideal „für die allgemeine Glückseligkeit" (S. 81). Die aber brächte mit sich, dass auch seine Herrschaftsform versänke: „Wir wollten die Gebürge von Wölfen säubern ..." (S. 81) und gegen andere „Wölfe die Türken" (S. 81) ziehen. Der Wolf ist eine wichtige Metapher des Stückes. Der Wolf gehört in Götzens Wappen und wird von ihm oft genug beschworen, als Beispiel des Kampfeswillens („Ein Wolf ist einer ganzen Herde Schafe zu viel." S. 62). Weislingen betrachtet Götz' Beziehung zu den Fürsten wie das des Wolfes

zu den Hirten (S. 23) usw. Über diesem idealen Entwurf haben die am Mahl Beteiligten vergessen, „dass wir eingesperrt sind". Georg bringt sie wieder in die Realität zurück. – Als man Götz freien Abzug und ein „ritterlich Gefängnis" bietet, nimmt er an, wird aber betrogen und gefangen genommen.

Stichwörter/wichtige Textstellen:

Weislingen rät dem Kaiser zur Strenge in den beginnenden Aufständen, die **soziale Ordnung** ist für ihn unantastbar: „Ich sehe kein ander Mittel, den Schwindelgeist, der ganze Landschaften ergreift, zu bannen. Hören wir nicht schon hier und da die bittersten Klagen der Edeln, dass ihre Untertanen, ihre Leibeignen sich gegen sie auflehnen und mit ihnen rechten, ihnen die hergebrachte Oberherrschaft zu schmälern drohen ...?" (S. 59)
Die Veränderung vom Ritterheer zu einem **Söldnerheer** erkennt Götz, schätzt sie aber falsch ein: „Ein Wolf ist einer ganzen Herde Schafe zu viel ... es sind lauter Mietlinge. Und dann kann der beste Ritter nichts machen, wenn er nicht Herr von seinen Handlungen ist." (S. 62)
Götz erklärt Maria, als er sie mit Sickingen in Sicherheit bringt, die **Unsicherheit von Gefühlen**: „Es ist besser, du weinst an deinem Hochzeitstag, als dass übergroße Freude der Vorbote künftigen Elends wäre." (S. 75)
Lerse erkennt die **Relativität der Dinge**, als er aus den Bleifassungen der Fenster Kugeln gießt: „So geht's in der Welt, weiß kein Mensch, was aus den Dingen werden kann. Der Glaser, der die Scheiben fasste, dachte gewiss nicht, dass das Blei einem seiner Urenkel garstiges Kopfweh machen könnte!" (S. 78)
Götzens **soziales Ideal** entspricht den Wünschen des Sturm und Drang: „Jeder würde das Seinige erhalten und in sich

selbst vermehren, statt dass sie jetzo nicht zuzunehmen glauben, wenn sie nicht andere verderben ... Das wäre ein Leben, Georg! wenn man seine Haut für die allgemeine Glückseligkeit setzte." (S. 81)
Götz lehnt die Kapitulation ab mit seinem **berühmtesten Zitat**: „Vor Ihro Kaiserliche Majestät hab ich, wie immer, schuldigen Respekt. Er aber, sag's ihm, er kann mich im Arsch lecken" (S. 77).

Vierter Akt

Götz wird vor die kaiserlichen Räte nach Heilbronn gebracht. Die Ratsherren haben inzwischen vorbereitet, dass Götz von ausgewählten Bürgern „mit geübten Fäusten" (S. 85) überwältigt werden soll, wenn er sich weigert, vorbereitete Papiere zu unterschreiben. Man fordert Götz zur Urfehde auf, verweigert ihm aber Auskunft über seine Leute. Als er auch die Urfehde nicht unterschreibt, weil er sich nicht der Rebellion gegen den Kaiser schuldig fühlt, fallen die Bürger über ihn her, die er aber zurücktreiben kann. Sickingen mit seiner Truppe befreit ihn. Die Ratsherren bitten Götz um Vermittlung. Sickingen rät Götz zu Forderungen an den Kaiser und sieht die Möglichkeit, dass Götz in dessem Heer diene. Götz aber ist des Kampfes müde.
Weislingen zürnt über Sickingens Erfolg und will aus Wut über seine Niederlage Götz reizen. Der Kaiser, nur noch ein „Schatten", ist sich der Tapferkeit und Ehrlichkeit Götzens bewusst und befürwortet Sickingens Eingreifen nachträglich, wie Weislingen zu hören bekommt. Weislingen ist außerdem verunsichert, weil Karl, der Thronfolger und spätere Kaiser Karl V., Adelheid, die Weislingen inzwischen geheiratet hat, besonders favorisiert, ihr „ungewöhnliche Aufmerksamkeit" schenkt (S. 93) und Adelheid ihm nicht gleichgültig gegenüber ist. Adelheid macht sich Franz hörig, indem sie ihm ihre Liebe verspricht. – Götz ist in ritterlicher Haft auf Jagsthausen („Sie

haben mir alles genommen, Gut, Freiheit", S. 96), pflegt die Jagd und trauert seinen Kämpfen nach. Lerse bringt dem resignierenden Götz Nachricht vom Bauernkrieg.

Stichwörter/wichtige Textstellen:

Götz verteidigt sein **Rechtsbewusstsein** aus der Verantwortung des freien Ritters und seiner Verantwortung für seine Untergebenen heraus. „Nicht um des leidigen Gewinsts willen, um Land und Leute unbewehrten Kleinen wegzukapern, bin ich ausgezogen. Meinen Jungen zu befreien, und mich meiner Haut zu wehren!" (S. 88)
Adelheids Ziele sind mit Weislingens Vorstellungen nicht mehr identisch; sie wird zur Inkarnation des **teuflischen Weibes:** „Die Unternehmungen meines Busens sind zu groß, als dass du ihnen im Wege stehen solltest ... Weislingen, denke nicht, mich zu hindern, sonst musst du in den Boden, mein Weg geht über dich hin." (S. 94)
Die Beschreibung des Kometen gerät zum **Symbol für den Zustand Deutschlands** um 1525: „Es sind bedenkliche Zeiten. Schon seit acht Tagen lässt sich ein fürchterlicher Komet sehen, und ganz Deutschland ist in Angst, es bedeute den Tod des Kaisers, der sehr krank ist ... Und hier in der Nähe gibt's noch schrecklichere Veränderungen. Die Bauern haben einen entsetzlichen Aufstand erregt." (S. 97)

Fünfter Akt

„Bauernkrieg. Tumult in einem Dorf und Plünderung". Die Bauernführer erzählen von ihren Plünderungen und blutigen Taten, darunter auch von der Ermordung Helfensteins. Das Bauernheer sucht nach einem Hauptmann. Götz beruft sich auf seinen Bann, will aber auch nicht dem „schändlichen rasenden Wesen" der Bauern dienen (S. 101). Er entschließt sich, wenn die

Bauern auf „Übeltaten" verzichten, auf vier Wochen ihr Hauptmann zu sein und den Bauern zu ihren Rechten zu verhelfen, wendet sich aber gegen die radikalen Lösungen Metzlers. In diesen Szenen wird Götz' Vereinsamung deutlich: Er führt die Bauern auf Abruf und teils gegen ihren Willen, andere Partner hat er zu diesem Zeitpunkt nicht mehr. Weislingen, der den Bauernaufstand zu bekämpfen hat, fordert durch Franz Adelheid auf, in dieser Zeit den Hof zu verlassen. Elisabeth ist verzweifelt, dass Götz den Bann gebrochen und sich an die Spitze der Bauern gestellt hat. Die Bauern brechen ihren Vertrag mit Götz und zünden Miltenberg (In Götzens Lebensbeschreibung ist das Willenberg!) an. Götz wird gewarnt, die Bauern wollten ihn aus dem Weg räumen. Das Bauernheer wird geschlagen und flieht. Götz rettet sich zu Zigeunern, wird aber auch dort von Weislingens Truppen gestellt. Adelheid beauftragt Franz, Weislingens Knappen, ihren Mann mit Gift zu töten. Götz ist Gefangener in Heilbronn. Weislingen ist Kommissar und Elisabeth setzt alle Hoffnung auf ihn, dass Götz geholfen wird. Weislingen ist krank und schwach; Maria versucht bei ihm, Rettung für Götz zu erwirken. Weislingen zerreißt mit letzter Kraft Götz' Todesurteil, Franz gesteht seinen Mordanschlag und stürzt sich vom Saalfenster in den Main. Maria bleibt bei dem sterbenden Weislingen und spendet letzten Trost. Ein „heimliches Gericht" in „einem finstern engen Gewölbe" verurteilt Adelheid wegen Ehebruchs und Mord zum doppelten Tod durch Strang und Schwert. Maria ist unterwegs zu Götz; der liegt im Turm zu Heilbronn im Sterben, als Maria und Lerse bei ihm und Elisabeth eintreffen. Für Götz ist alles vorbei: Seine Kraft ist verbraucht, seine Ehrlichkeit hat keine Erfolge gebracht. Er erinnert an die jüngst Verstorbenen: Selbitz, den Kaiser, Georg. Deutschland geht einer schlimmen Zeit entgegen: „Es kommen die Zeiten des Betrugs" (S. 119).

Stichwörter/wichtige Textstellen:

!

Wenn Elisabeth am Schluss sagt, nur oben sei Freiheit, „Die Welt ist ein Gefängnis" (S. 119), wird ihr **ein Zitat aus Shakespeares *Hamlet*** in den Mund gelegt. Dort (2. Akt, 2. Szene) wird im Gespräch zwischen Hamlet und Rosenkranz von Hamlet Dänemark, von Rosenkranz die Welt als Gefängnis bezeichnet.

2.3 Aufbau

Das Schauspiel ist eine **Chronik**, in die nur mit Anstrengung eine dramaturgische Struktur eingearbeitet worden ist. Die ursprüngliche Anlage war eine „Geschichte"; von daher rühren die episierenden (erzählenden) Züge, die den Historien Shakespeares entsprechen. Es finden sich **zwei unterschiedlich strukturierte Handlungen** in dem Stück:

Verlauf der beiden Haupthandlungen:	
Götzens Wirken	Weislingens Wirken
wird in Stationen beschrieben, die immer an Fehden (Kämpfe) gebunden sind. offene Form (Vorbild Shakespeare)	wird in einer steigenden und fallenden dramatischen Handlung beschrieben, die durch Verhandlungen (Politik) bestimmt wird. geschlossene Form (Vorbild Racine)
1. Akt *gemeinsame Exposition*	
Götz ist ein Raubritter, der Weislingen gefangen nimmt. Wer von Götz spricht, kennt seine Fehden *(Stationen).*	Weislingen vertritt die Macht und nimmt an, das ganze Land nehme an seiner Gefangenschaft teil

Götz vertritt sein Recht auf seine ritterliche Freiheit. Götz überzeugt Weislingen von seiner Haltung.	Weislingen vertritt die Interessen der Fürsten, die dem Reich dienen wollen. Weislingen wirbt um Götzens Schwester Marie *(erregendes Moment)*.
2. Akt *Station*	*steigende Handlung*
Götz plant weitere Fehdezüge, diesmal gegen die Nürnberger. Götz fühlt sich und Marie von Weislingen betrogen. Selbitz beschreibt ihre Fehden als die von „Räubern".	Weislingen wird abtrünnig und verliebt sich in Adelheid. Er dient weiterhin dem Bischof. Adelheid setzt Weislingen für ihre Ziele ein. Weislingen will den Kaiser für ihre Interessen gewinnen.
3. Akt *Station*	*Höhepunkt und Umschlag*
Gegen Götz ist die Reichs-Exekution ausgeschickt. Fehde reiht sich an Fehde. Nach anfänglichen Siegen kommt er in starke Bedrängnis und wird belagert. Unbeeindruckt von seiner Situation spricht er in hoher Not sein berühmtes Zitat.	Weislingen übernimmt die Initiative und agiert gegen die Reichsritter: Sein Gespräch mit dem Kaiser eröffnet den Akt. Götz wird in die Acht erklärt und es wird Exekution gegen ihn angeordnet. Weislingen steht auf dem Höhepunkt seiner Macht.
4. Akt *Station*	*fallende Handlung*
Götz ist besiegt und wird von kaiserlichen Räten verhört. Als Verhaftung droht, wird er im Handstreich (Fehde) befreit. Götz hat Todesahnungen, ist aber am Bauernaufstand interessiert.	Weislingen erkennt, dass er nur Werkzeug für Adelheid ist: Ihr Streben richtet sich inzwischen auf den Thronfolger. Weislingen droht Verrat. Sein Diener Franz wird auf den Mord vorbereitet und es werden ihm Liebesdienste versprochen.

5. Akt *Station*	*Katastrophe*
Götz wird Hauptmann der Bauern im Bauernkrieg, auf vier Wochen. Seine Bauern werden geschlagen, er bei Zigeunern gepflegt. Dort wird er gefangen und als Meuterer eingekerkert in den Turm. Da stirbt er.	Weislingen zieht mit Soldaten gegen die Bauern. Er sieht und verfolgt Götz. Er wird „Kommissar" der Bauernbestrafung und wütet barbarisch. Sein Diener hat ihm aber schon das Gift gegeben. Vor seinem Tod zerreißt er das Todesurteil von Götz, als Marie ihn darum bittet. Er wird „entsühnt". Danach stirbt er.

Gottscheds *Sterbender Cato*, der am Beginn des modernen deutschen Dramas steht, gab seit 1732 für fast 25 Jahre die Norm ab. Aufbau und Technik des *Götz* sind neu. Die Szenen reihen sich in schnellem Wechsel aneinander, ohne Rücksicht auf die Dreieinheit von Ort, Zeit und Handlung zu nehmen. Das akademisierende Theater Gottscheds gab es auf einmal nicht mehr. Lessings Bemühungen um ein neues deutsches Nationaltheater hatten die literarische Entsprechung gefunden, denn Lessing war in seinen Stücken noch der alten Dreieinheit, wenn auch nicht konsequent, gefolgt.
Goethe folgt der **Natur**, wie er es von Herder gelernt hat, indem er einen Typ in unterschiedlichen sozialen Varianten vorstellt. Ehre und Zuverlässigkeit sind nicht an den gesellschaftlichen Stand, sondern an den einzelnen Menschen gebunden. Eine Gestalt aber repräsentiert den Typ in seiner Vollkommenheit und wird dadurch zum „Original" im Sinne des Sturm und Drang: Das ist Götz. Götz ist zudem ein „mittlerer" Held, wie Lessing ihn beschrieben hatte: Er gehört nicht zu den Mächtigen, aber auch nicht zu den Unterdrückten. Von beiden Möglichkeiten etwas steht zu seiner Verfügung. Solche Originale sind die organisierenden Zentren der Stücke, nicht mehr die exakte zeitliche Abfolge der Handlung, die die Dauer eines Tages nicht überschreiten durfte. Originale wie

Götz bewegen sich durch die sozialen Gliederungen ihrer Zeit und lösen dadurch die Einheitlichkeit des Ortes auf. –
Die **erste Fassung** von 1771 ist eine Dramatisierung der Lebensbeschreibung Götz von Berlichingens. Über einen dramatischen Aufbau ist kaum zu sprechen. Goethe betrachtete die Fassung als Skizze und Entwurf. Die freie Form in der Nachfolge Shakespeares hatte er so verstanden, dass er auf eine dramaturgische Einrichtung in Akte und Szenen verzichten konnte. Die Einteilung in Aufzüge wurde erst nachträglich in die Handschrift eingefügt, um so der üblichen Erwartungshaltung des Publikums gerecht zu werden.
Die **zweite Fassung** von 1773 wurde einem Drama eher gerecht. Das Gewicht Adelheids und Weislingens wurde insgesamt verschoben. Das ging so weit, dass Weislingen in späteren Bearbeitungen ein eigenes erstes Stück innerhalb eines *Götz von Berlichingen*-Doppelstückes bekam. Motivierungen wurden ausgearbeitet, auch sprachliche Zuspitzungen vermieden. Dennoch blieben beide Fassungen vor allem Texte für Leser, nicht für Zuschauer. Sie waren in gleicher Weise episch wie dramatisch. Hettner, der sorgsam-genaue Chronist der Literatur des 18. Jahrhunderts, beschrieb das Stück so: „Wir wissen jetzt alle, dass die Auffassung ungeschichtlich, die Komposition durchaus undramatisch ist. Weil der Dichter in dem Verfall des mittelalterlichen Feudalwesens nicht den Sieg einer neuen wohlberechtigten Ordnung, sondern nur den Verfall frischer und gesunder Naturkraft erblickt, fehlt der Quellpunkt alles dramatischen Lebens, die treibende Seele einheitlicher und in sich folgerichtiger Handlung, der Kampf naturnotwendiger Gegensätze, indessen Durchführung und Ausgang sich die siegende Kraft der sittlichen Vernunft betätigt. Der Schluss ist traurig, nicht tragisch, ist peinigend, nicht erhebend und versöhnend."[40]

40 Hettner, Band 2, S. 117

Goethes *Götz von Berlichingen* wird als Beispiel für die sogenannte „offene Form" des Dramas genannt, wie sie von Shakespeare hergeleitet und als Gegensatz zum geschlossenen Drama der Klassizisten, dessen Kennzeichen vor allem die Einheit der Zeit, des Ortes und der Handlung war, erklärt wurde. Die **Handlung um Götz** bestätigt das, vor allem in der Vielzahl von Handlungsorten, Zeitverschiebungen und unterschiedlichen Ausschnitten aus sozial verschiedenen Gruppen, die oft nichts miteinander zu tun haben. Damit ist aber eine zweite Handlung weitgehend verdrängt.
Welche der Fassungen man auch immer betrachtet, immer sind **zwei Stücke** in diesem Stück enthalten. Da sie zudem dramaturgisch unterschiedlich angelegt sind, ergänzen sie sich und befördern gegenseitig den Erfolg des Gesamtstückes. Goethe hat mehrfach versucht, diese beiden Stücke voneinander zu trennen. Am konsequentesten war die Unternehmung von 1809. Es entstand eine zweiteilige Fassung *Adelbert von Weislingen. ‚Götz von Berlichingens' erster Teil* und *Götz von Berlichingen mit der eisernen Hand. Zweiter Teil des Götz von Berlichingen.*
Wenn man die dramaturgische Anlage der beiden Stücke sehr vereinfacht, so wird darin Goethes genialer Versuch erkennbar, mit den Strukturen des bekannten klassizistischen Theaters seine wesentlichen Neuerungen zu begründen. Auch in der Fassung von 1773 waren beide Stücke samt ihrer dramaturgischen Grundlegungen schon vorhanden. Indem Goethe mit dem einen Stück die Erwartungen der Leser und Zuschauer befriedigte – die Weislingen-Handlung wurde wie ein aristotelisches Drama geführt –, konnte er die ungewohnte shakespearesierende Form der Handlung um Götz unterlegen. Goethe schuf eine **Kombination aus offener und geschlossener Dramenform.**

Die Dramaturgie Shakespeares fand sich wieder in der Geschichte des Götz von Berlichingen. Es war eine Art **Stationenstück**, wie es später bei Georg Büchner und vor allem August Strindberg modern wurde. Die Figuren machten kaum eine Entwicklung durch, sondern durchliefen ihren Lebensweg scheinbar Schicksalsmächten folgend von Station zu Station, ohne anderen als den schon von ihnen durchlebten Konflikten ausgesetzt zu werden. Das trifft auf Götz zu. Er ist zu Beginn des Stückes Reichs- und Raubritter, der sich im Fränkischen aufhält und von Jagsthausen aus seine Überfälle plant. Die Orte wechseln: Schwarzenberg in Franken, Spessart, ein Dorf mit ländlicher Hochzeit, ein Wald an einem Morast, Gebirg und Wald, Wirtshaus zu Heilbronn, Orte des Bauernkriegs, Zigeunerlager, Heilbronn. Die Orte wechseln immer wieder mit Jagsthausen; von dorther holt sich Götz seine Kraft. Von einer Einheit des Ortes kann keine Rede mehr sein. Aber in der Beziehung zu den Orten ändert sich nichts. Götz ist immer der „Selbsthelfer", der raubt und kämpft, verfolgt und gefangen wird, der seinem Untergang unerbittlich entgegen geht. So ist seine Situation zu Beginn des Stückes kaum eine andere als am Ende und eine Entwicklung vollzieht sich ebenso wenig wie eine Veränderung in seinem Denken. Was sich verändert ist die Qualität seines Unglücks. Er sagt am Schluss und beschreibt damit seine Stationen selbst genau: „Unglück bin ich gewohnt zu dulden. Und jetzt ist's nicht Weislingen allein, nicht die Bauern allein, nicht der Tod des Kaisers und meine Wunden – Es ist alles zusammen. Meine Stunde ist gekommen." (S. 117)
Ganz anders vollzieht sich die **Entwicklung Weislingens**. Sein Schicksal fügt sich in eine klassische Dramenstruktur. In einer Exposition wird er als Repräsentant fürstlicher Macht vorgestellt, der von Götz verfolgt wird. Götz nimmt ihn gefangen, auf der Burg Jagsthausen verliebt sich Weislingen in

Götzens Schwester Maria. Das ist dramaturgisch eindeutig ein erregendes Moment, ist es doch die Schwester seines Feindes. Der Konflikt ist programmiert und nun erst beginnen die Auseinandersetzungen, denn Weislingens Auftraggeber, der Bischof von Bamberg, wird den Kampf suchen. Er setzt als „Geheimwaffe" die schöne Adelheid ein. Damit entsteht ein bedeutender Konflikt für Weislingen, der sich zwischen Marie von Berlichingen und Adelheid von Walldorf entscheiden muss. Das kommt dramaturgisch der Entscheidung zwischen zwei unterschiedlichen Theaterstücken gleich: Entschiede er sich endgültig für Marie, wäre das Stück zu Ende, denn der Verlauf der gleich bleibenden Götz-Handlung würde kaum noch Interesse auslösen. Indem er sich für Adelheid entscheidet, entsteht über der stationären Szenenfolge um Götz eine aristotelische Dramaturgie um Weislingen, die Erwartungen bedient: Exposition, steigende Handlung, Höhepunkt und Umschlag, fallende Handlung und Katastrophe. Die aristotelisch geordnete Handlung um Weislingen trägt so die stationär verlaufende Handlung um Götz; beide ergänzen einander. Mit den Mitteln der überkommenen Dramatik wird der modernen und ungewohnten Dramatik zum Durchbruch verholfen.
Vom 2. Akt an konzentriert sich die Handlung um Weislingen auf Bamberg, Augsburg, sein Schloss und das Adelheids. Es ist eine Art Einheit des Ortes (Hof und Schloss); es sind Orte der herrschenden Macht. Weislingens Befehl, seine Frau Adelheid „von Hof auf mein Schloss" zu bringen (S. 103), wird dem gerecht. Weislingen geht im Kampf um die Macht unter, er endet im 5. Akt durch Mord, weil er sich mit dem anderen Verhaltensmodell, dem des freien Reichsritters, eingelassen hatte. Er endet wie es die klassische Dramaturgie fordert. Er wird ermordet im Auftrag jener Frau, die ihm ihre Stellung in der neuen Macht zu verdanken hat. Tragische Züge bekommt sein Tod, weil er das Edle (Marie) aufgab, um Macht zu ge-

winnen, diese Macht ihm aber durch das Böse, dessen Repräsentant Adelheid ist, entzogen wird. Im Sterben erkennt er diese **tragische Konstellation** und sagt zu Marie: „Du Seele voll Liebe, bete für mich", ohne sich aus dieser Tragik retten zu können: „Mein Herz ist verschlossen." (S. 114)

Weislingens Weg durch das Stück folgt einer aristotelischen Dramaturgie: Vorgestellt als ein Repräsentant der neuen Macht wird er in einen Konflikt zwischen Gut und Böse, ritterlicher Burg und höfischem Schloss, liebevoller Marie und kokottenhafter Adelheid, reichsritterlicher Beschränkung und kaiserlicher Macht geführt, den er eindeutig entscheidet: Im 3. Akt ist er der Ratgeber des Kaisers; er ist auf dem Höhepunkt seiner Macht. Indem aber Götz seinen Weg - linear - weiter verfolgt, unterstützt von Sickingen, und Weislingens Pläne nicht in der erwünschten Art aufgehen, kommt Weislingen in Bedrängnis. Das schildert ein geradezu exemplarischer 4. Akt mit einer fallenden Handlung, die zudem retardierende (aufhaltende) Momente in Fülle bietet. Nicht nur verliert Weislingen seine Bedeutung bei der Sicherung der Macht, sondern er ist auch in Gefahr, seine Frau an den Thronfolger Karl zu verlieren („... fast sollte man denken, du sähest mit andern Augen ... Du bist ein Weib. Ihr hasst keinen, der Euch hofiert", S. 93).

Die beiden unterschiedlichen Arten des Aufbaus gehen vom gleichen Punkt aus und kommen beim gleichen Endpunkt an. Für beide Handlungen ist eine gemeinsame Exposition vorhanden, die die Protagonisten im Gespräch ihrer Gefolgschaft vorstellt: Götz erscheint als rechtschaffen und treuherzig, seinem Recht vertrauend, Weislingen als sein Gegenspieler, „des Bischofs rechte Hand, ... der dem Götz auch auf'n Dienst lauert" (S. 5). Um Weislingens Rolle in einem selbstständigen Stück zu verstärken, wird die Exposition in der Bearbeitung in

zwei Stücke von 1809 ausgebaut und durch Franz, Weislingens Knecht, ergänzt. Weislingen erscheint keineswegs als Bösewicht, sondern als beherrschter und kluger Herr. Götz und Weislingen haben in dieser Bearbeitung gleichwertige Ausgangspositionen.
Entsprechen die Ausgangssituationen einander, so auch die Lösungen: Beide sterben. Aber der Tod beider wirkt dramaturgisch unterschiedlich. Götz stirbt ohne Fremdeinfluss und auf natürliche Weise. Seine Frau beschreibt es. „Du verglühst in dir selbst." (S. 116) und Götz bestätigt, dass seine Zeit vorbei ist. Er hat die letzte „Station" seines Lebens erreicht, gibt ein Vermächtnis an die Hinterbliebenen und kann in Frieden Abschied nehmen: „Löse meine Seele nun." Sein Tod bekommt Züge christlicher Erlösung – die in der säkularisierten Abendmahlszene des 3. Aktes (S. 79 ff.) vorbereitet wurden (s. S. 38) – und erinnert bis in Details hinein („Gebt mir einen Trunk Wasser." S. 119) an Jesu Kreuzestod. Gegen Ende des Stückes häufen sich auch Zitate aus dem Alten und Neuen Testament (S. 117 ff.), die ausnahmslos Götz verwendet. Es ist das Ende eines Lebens, das von Anfang bis Ende der Idee verpflichtet blieb, den Reichsritter zu erhalten, auch wenn er historisch überholt war. Es ist der logische Abschluss einer linearen Handlungsführung, in die wenig Neues eingebracht werden kann.
Ganz anders stirbt Weislingen. Er wird im Auftrag seiner Frau von seinem eigenen Knecht Franz ermordet. Auf dem Höhepunkt seiner Macht, als Ratgeber des Kaisers, wird seiner Frau Adelheid bewusst, dass sie selbst diese Stelle einnehmen kann, wenn ein neuer Kaiser antritt. Dazu aber muss Weislingen als Ratgeber und als Ehemann beseitigt werden. Sein Tod ist die Folge eines außergewöhnlichen Konfliktes um die Macht; dramaturgisch ähnelt er den spektakulären Abschlüssen in

Tragödien Racines (z. B. *Britannicus* und *Phädra*[41]), die Goethe kannte. Weislingens Tod bekommt zusätzliche dramatische Wirkung, da er in einem „heimlichen Gericht" verhandelt und gesühnt wird, das Adelheid zum Tod verurteilt. Mit der Ermordung Weislingens und der vorgesehenen Hinrichtung Adelheids geht diese Handlung zu Ende, die einem aristotelischen Dramenaufbau folgt.

2.4 Personenkonstellation und Charakteristiken

Im 16. Jahrhundert kamen sogenannte **Ständebäume** auf, in denen die soziale Struktur in Form eines Baumes bildhaft dargestellt wurde. Die Bauern nahmen die Funktion der Wurzeln ein. Goethes Stück weist ein Figurenensemble aus, das einem solchen Ständebaum perfekt entspricht, lediglich der Papst fehlt darin:

41 In *Britannicus* (1669) wird der Stiefbruder Neros von seinem Erzieher Narciss in Neros Auftrag während eines Versöhnungszeremoniells vergiftet, weil Nero in Britannicus den Nebenbuhler in der Liebe und einen möglichen Thronanwärter sieht. In *Phädra* (1677), die Schiller 1805 übersetzte und unter Goethes Anteilnahme bearbeitete, stirbt die Titelheldin an Gift, nachdem sie von der Liebe ihres Stiefsohnes Hippolyt, in den sie verliebt ist, zu Aricie erfährt, und er von seinen Pferden zu Tode geschleift wird.

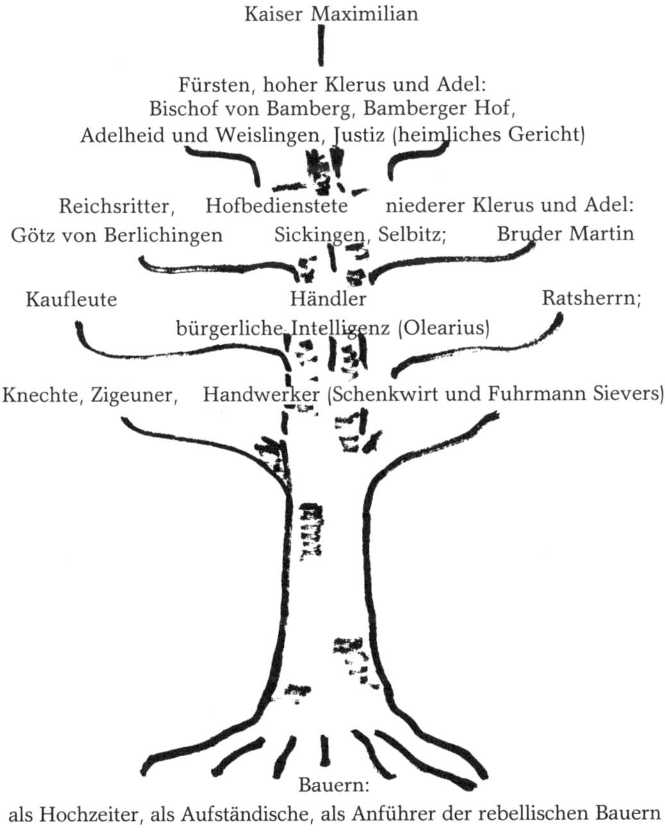

Der „Ständebaum“ im *Götz von Berlichingen*

Götz

hat Goethe begeistert. Der Dichter steht auf der Seite des kraftvollen Selbsthelfers, der als sozialer Repräsentant überholt ist. Er beherrscht das Stück, im *Urgötz* als Gottfried von Berlichingen. Die anderen Gestalten sind zumeist nur wandelnde Prinzipien, „Reagenzfiguren" nannte sie Richard M. Meyer[42] treffend. Sie agieren, um dem Helden die Möglichkeit des Entscheidens zu schaffen. Goethe hat sie aus des fränkischen Reichsritters Gottfried von Berlichingen Biografie entnommen. Nur in einigen anderen Gestalten brachte er Zeitgenössisches unter: Seine Mutter wurde abgebildet in Götzens tätiger und resoluter Frau Elisabeth. Lerse, der Straßburger Freund, geht in das Stück ein. In Weislingen und Maria porträtierte sich Goethe selbst und die verlassene Friederike Brion. Er betrachtete diese Darstellung als „reuige Betrachtungen" und „poetische Beichte ..., um durch diese selbstquälerische Büßung einer innern Absolution würdig zu werden"[43]. Einen Freund aus der Straßburger Zeit, Johann Daniel Salzmann (1722–1812), bat er, ein Exemplar des Stücks an Friederike zu schicken; sie würde sich dann einigermaßen getröstet finden, „wenn der Untreue vergiftet wird"[44]. Es war das erste Mal, dass Goethe eine literarische Gestalt, in diesem Falle Weislingen, sterben ließ, um sich von einer Schuld zu befreien. Im Roman *Die Leiden des jungen Werthers* sollte sich das bald wiederholen.

Götz von Berlichingen lebte von 1480 bis 1562. Er schrieb seine Erinnerungen in den letzten Lebensjahren auf. In diesen Erinnerungen war Götz eine urwüchsige historische Persönlichkeit, die sich für eine hilflose Gegenwart als Beispiel eig-

42 Richard M. Meyer: *Goethe*. Berlin 1895, S. 71

43 Goethe: *Dichtung und Wahrheit*, BA 13, S. 561

44 Brief an Salzmann, Oktober 1773. In: Wolfgang Goetz: Goethe. Sein Leben in Selbstzeugnissen, Briefen und Berichten. Berlin 1938, S. 73

nete, weil er als „ganzer Kerl" seine Zeit in die Schranken gefordert hatte. Götz beruft sich auf sein Naturrecht, aber er unterliegt einer neuen, vom römischen Recht geprägten Ordnung. Der historische Götz starb nicht in Gefangenschaft, sondern 1562 auf seinem Schloss Hornberg. Goethe führte zeitlich unterschiedliche Ereignisse – den Tod Maximilians I. 1519, den Bauernkrieg 1525 und den Tod Götzens 1562 – zusammen, um diese Übergangszeit auszustellen.
Lenz, der zur Entstehungszeit des Stücks Goethe verehrte und als Bruder empfand, beschrieb Götz so:

> *„Ein Mann, der weder auf Ruhm noch Namen Anspruch macht, der nichts sein will als was er ist: ein Mann. ... da ist der ganze Mann, immer weg geschäftig, tätig, wärmend und wohltuend wie die Sonne, aber auch eben so verzehrendes Feuer, wenn man ihm zu nahe kommt – und am Ende seines Lebens geht er unter wie die Sonne, vergnügt, bessere Gegenden zu schauen wo mehr Freiheit ist, als er hier sich und den Seinigen verschaffen konnte, und lässt noch Licht und Glanz hinter sich. Wer so gelebt hat, wahrlich, der hat seine Bestimmung erfüllt ...“*[45]

Götz ist ein strahlender Held. Auch das ist Goethe. In Wetzlar hatten die Freunde ihm den Namen „Götz von Berlichingen" verliehen. Dramaturgisch wird Götz mit allen anderen Schichten und Klassen in Beziehung gebracht. Jede Eigenschaft seines Charakters wird in einer anderen Gestalt nochmals gespiegelt und dadurch aufgewertet. Götz ist rechtsbewusst, seine Gegner sind Verräter. Er ist der Vertreter eines freien Rittertums, das den Kampf gegen ein territorial-feudalistisches Staatswesen aufnimmt und nicht erkennt, dass es bereits überholt ist. Goethe sah in seinem Götz Tugenden verkörpert, die sich auf die Kraft des einzelnen Mannes, das Faustrecht und auf eine ehrliche Gesinnung gründeten.

---

45 Lenz, S. 640

Elisabeth

Goethes Frauengestalten haben es in diesem Stück schwer, außer Adelheid. Goethes Freund Lenz hatte ein Gespür dafür, welche Rolle die Frauen in dem Stück spielen: Elisabeth war der Spiegel, in dem sich Götzens Charakter betrachtete, Götz, „der ein Weib hat, seiner wert, nicht durch Schmeichelei sich erbettelt, sondern durch Wert sich verdient"[46]. Elisabeth ist in jeder Hinsicht die weibliche Entsprechung zu Götz und bekommt dadurch wenig eigenes Profil. Was sie individualisiert, sind Züge einer energischen und praktisch denkenden Hausfrau, die Goethe von seiner Mutter bezogen haben dürfte, erkannte diese sich doch in Elisabeth wieder.

Karl

ist der wohlerzogene Sohn Götzens und Elisabeths, der durch die Erziehung, betrieben durch die fromme Maria, nie ein Selbsthelfer werden wird. Götz ist nicht glücklich, wenn Weislingen die Wohlerzogenheit lobt. Karl ist früh im Glauben angekommen. Er fragt seinen Vater bei dessen Rückkehr vom Überfall: „Soll ich dir vom frommen Kind erzählen?" Diese Haltung ist verbunden mit der Gefahr, in der geistigen Versenkung den Alltag zu vergessen. Karl hat viel gelernt, aber kann die praktische Frage, wer der Herr von Berlichingen sei, nicht beantworten. Götz ist enttäuscht: „Er kennt wohl für lauter Gelehrsamkeit seinen Vater nicht." (S. 20). Am Ende des Schauspiels ist er im Kloster und Götz verzichtet im Angesicht des Todes darauf, ihn kommen zu lassen, um ihn zu segnen: „... er ist heiliger als ich, er braucht meinen Segen nicht." (S. 118). Das ist Verzicht und Resignation des Vaters in einem.

46 Lenz, S. 640

Maximilian

tritt nur in der ersten Szene des 3. Aktes auf, fast genau im Zentrum des Stückes. Das ist ein Rest der ursprünglichen Rolle. Im *Urgötz* wird der 3. Aufzug mit dem Reichstag zu Augsburg eröffnet, der in der Überarbeitung beiläufig von Weislingen gegenüber Adelheid erwähnt wird.: „... der Reichstag zu Augsburg soll hoffentlich unsere Projekte zur Reife bringen" (S. 53). Gerichte und politische Handlungen haben es bisher nicht verstanden, den inneren Feind – die freien Ritter – zu besiegen. Die Szene, die Ritter wie Götz als Feinde der zentralstaatlichen Macht ausweisen, wurde gestrichen, um Götzens Lauterkeit aufzuwerten.
Maximilian (1459–1519) war ein fantasievoller und begabter Herrscher, den das Kaisertum faszinierte. Er war Politiker und erfolgreicher Kriegsherr, ein eifriger Sammler von Büchern und Bildungsgütern und ein leidenschaftlicher Jäger. Er war Mäzen der Kunst und tatkräftiger Reformer im Verwaltungsbereich. Mit den Fortschritten in Wirtschaft, Technik und Militärwesen stärkte er die eigene Hausmacht, führte er eine kluge Diplomatie und schuf das habsburgische Machtgefüge. Er scheiterte, als er das deutsche Reich zentralisieren wollte. In seiner Herrschaftszeit begann das Aufbegehren der unterdrückten Massen, das schließlich im Bauernkrieg und der deutschen frühbürgerlichen Revolution mündete. Goethe führte die Biografien Maximilians und Götzens zusammen, obwohl sie nichts miteinander zu tun hatten, um den „letzten Ritter auf dem Thron" mit dem letzten freien Ritter zu verbinden.
Im Stück ist Maximilian ein dem Ritter Götz von Berlichingen zugetaner, leutseliger Kaiser. Allerdings kann er wegen der Zersplitterung diese Vorstellungen nicht verwirklichen. Aus diesem Grunde steht er Weislingens Argument, mit Strenge

gegen alle Attacken auf die „Oberherrschaft" (S. 59) vorzugehen, aufgeschlossen gegenüber. Aber er hat auch Verständnis für die letzten Vertreter eines freien Rittertums: „... nur wollt' ich nicht, dass ihnen was zuleid geschehe. Gefangen möcht' ich sie haben, und dann müssten sie Urfehde schwören, auf ihren Schlössern ruhig zu bleiben, und nicht aus ihrem Bann zu gehen." (S. 59) Er, der auch als „der letzte Ritter" auf dem Thron und als „Vater der Landsknechte" bezeichnet wurde – damit den Widerspruch in einer Person darstellend –, verkörpert den Übergang von der freien Ritterschaft zu den zunftmäßig organisierten Landsknechtsheeren.

Weislingen

ist eines der vielen Selbstporträts Goethes. Zeichnet er den Götz so, wie er gern gewesen wäre, so den Weislingen, wie er zu dieser Zeit war. Deshalb konnte er ihm nicht alle Sympathien entziehen. Weislingen war der geschmeidige Hofmann und Politiker. Nur zwei Jahre später fügte sich Goethe fast problemlos in eine ähnliche Rolle am Hofe in Weimar. Die eigene Unsicherheit, ja der Verrat an Friederike sind eingegangen in diese Gestalt. Darüber hinaus ist er der Treulose, der zwiespältige Charakter, der aber der neuen Zeit entspricht. Seine Untreue gegenüber Götz ist gleichzeitig der Versuch, sich in die Zeit nach einem kämpferischen freien Rittertum in neue Machtstrukturen einzuordnen. Weislingen nimmt jenen Goethe voraus, der sich nach seiner Ankunft in Weimar schnell in die dortigen Machtverhältnisse einzuordnen verstand. In Briefen an Friederike Oeser beschrieb sich der Dichter so wie er den Weislingen zeichnete.
Auch wenn Weislingen zwiespältig gezeichnet ist, ist er politisch und ökonomisch der moderne Mensch. Er hat seine Unabhängigkeit als Ritter aufgegeben, sich in die Verwaltung der

Territorialmacht eingeordnet und dient dieser zu ihrem Schutz, um selbst geschützt zu werden. Weislingen kann deshalb sehr berechtigt Götz vorwerfen: „Du siehst die Fürsten an, wie der Wolf den Hirten." (S. 23). Für den Bischof von Bamberg ist Weislingen ein Partner geworden, der auch die Felder des Landes in „ihren blühenden Zustand" gebracht hat (S. 45).

Sickingen

ist neben Götz die interessanteste Rittergestalt. Bei Goethe hat er große Entwürfe. Er entstammt ebenfalls jener Zeit „von derber Charakteristik"[47], wie sie das 16. Jahrhundert darstellte. Von besonderem Interesse wurde er durch seine Wirkungsgeschichte. In Goethes Stück – jedenfalls in der Schauspielfassung, nicht so im *Urgötz* – ist er wichtig für Götz, aber nur wenig von ihm unterschieden. Zwischen Ferdinand Lassalle, Karl Marx und Friedrich Engels kam es zu der berühmten *Sickingendebatte*, in der auch Götz von Berlichingen wieder eine Rolle spielte. (Vgl. S. 113 ff.)

Adelheid

ist eine deutsche Lady Macbeth, bezieht man das Stück auf Shakespeare. Sie ist auch eine typisch deutsche Mätresse, wie sie an Fürstenhöfen üblich war. Mätressen gehörten zum Leben an den Fürstenhöfen. Lessing bot in seiner *Emilia Galotti* dafür ein beeindruckendes Beispiel: Gräfin Orsina war nicht nur intelligent und schön, sondern bot zur Vernichtung ihrer Gegner auch die brutale Gewalt an. Es ist das Gift der Adelheid, mit dem Franz seinen Herrn Weislingen ermordet („... dieses Fläschchen gieß ihm unter das Getränk." S. 110). Adelheid ist Gegenspielerin für alle: die des Götz, die seiner Schwester Maria, die des Rechts, die der Ehre. Da sie sich

47 Marx: *Sickingen-Debatte*, S. 180

auch Rechtsverhältnisse zu Eigen machen konnte, kann sie nur durch ein Femegericht vernichtet werden, die originäre Rechtsauffassung des Volkes. – Aber sie ist auch eine dämonische Figur, die den Vorstellungen der Stürmer und Dränger entsprach. Was sie von ihnen unterschied, war ihre Gleichgültigkeit gegenüber moralischen Werten zu Gunsten der Macht. Dadurch aber wurde sie zu einer sehr modernen Figur.
Goethe war während des Schreibens in eine „wundersame Leidenschaft" für sie verfallen. Indem er sie liebenswürdig schildern wollte, hatte er sich „selbst in sie verliebt"[48]. Das führte dazu, dass sie im Stück Götz „ausstach"[49] und Goethe Mühe hatte, zur **Einheit der Handlung**, die er als einzige der Dreieinheiten anerkannte, zurückzukehren, „da die Natur meiner Poesie mich immer zur Einheit hindrängte"[50]. Die erotische Ausstrahlung Adelheids, der in der ersten Fassung auch Sickingen erlag, wurde in der zweiten Fassung gemildert.

Maria,

im *Urgötz* auch „Marie" genannt, ist im Stück eine liebende Frau; das ist wenig. Zudem geschieht der Austausch der Verlobten – erst Weislingen, dann Sickingen – so schnell, dass an ihren Gefühlen gezweifelt werden kann. Sie erzieht Götzens Sohn im Sinne der Nächstenliebe und Wohltätigkeit und führt ihn in die Geschichte der Heiligen ein. Ihre dramaturgische Funktion ist einzig und allein die, Kontrastperson zu Elisabeth zu sein. Sie trägt aber auch Züge von Goethes Schwester Cornelia, die gerade zu dieser Zeit Braut des ungeliebten Johann Georg Schlossers (1739–1799) wurde.

---

48 Goethe: *Dichtung und Wahrheit*, BA 13, S. 614
49 ebd.
50 ebd.

Liebetraut

ist eine Figur nach Shakespeares Modellen. Er gehört zu den Vertrauten des Bischofs, trägt aber auch Züge des Spielmanns und Hofnarren, um die Wahrheit sagen zu können. Gleichzeitig beherrscht er alle Arten der Intrige. Er ist den Hofbeamten geistig überlegen und nutzt diese Überlegenheit, um seine eigene Position am Hof zu festigen. Dabei ist er sich für Binsenweisheiten ebenso wenig zu schade wie für geistige Manipulationen, wie er sie an Weislingen vornimmt. Als die Handlung auf den Höhepunkt zutreibt, also in Bewegung ist, verschwindet er aus dem Geschehen.

Bruder Martin

hat Konflikte mit seinem Beruf und leidet unter seinem Gelübde. Sein Name erinnert an Martin Luther, sein Klostername Augustin an Luthers Mönchsorden, die Augustiner. Die Parallelität wurde von Goethe noch deutlicher ausgestellt: Kam Bruder Martin in der Fassung von 1771 aus einem Kloster in Weißenfels, so ist in der Fassung von 1773 sein „Kloster ... Erfurt in Sachsen" (S. 11).
Im Stück wird nirgends von der Reformation gesprochen, obwohl doch alles während der Reformation geschieht. Goethe interessierte weniger die religionsgeschichtliche Bedeutung der Reformation, sondern ihr ethischer Wert. Diesen bringt Bruder Martin ein. Martin empfindet sein Mönchssein als bedrückenden Gegensatz zu Götzens freiem Leben, weil er nicht „Mensch" sein dürfe. Die Figur ist kein Ebenbild Luthers[51], sondern erinnert an ihn. Martin ist das lebendige Beispiel für die Richtigkeit der Reformation und die Kritik an der christlich erzwungenen Askese. Martins Abkehr vom Mönchsein

51 Vgl. dazu: Günter Hartung: *Das Bild Luthers in der deutschen Literatur*. In: Weimarer Beiträge. 29. Jahrgang, Berlin und Weimar: Aufbau-Verlag, 1983, Heft 11, S. 1899 ff.

vollzieht sich als Abkehr von den Attributen und Requisiten des Katholizismus. Damit wird er zum Gegner des **Bischofs von Bamberg**, der kaum noch als Würdenträger der Kirche, sondern als weltlicher Fürst mit ausschweifenden Ansprüchen erscheint. Martin will nicht Götzens lebendige Hand küssen, „Reliquienhand, durch die das heiligste Blut geflossen ist", sondern die eiserne Hand, „totes Werkzeug, belebt durch des edelsten Geistes Vertrauen auf Gott". Die Tat ist entscheidend, nicht der Glaube. Der Bruder Martin protestiert gegen die vorhandenen Strukturen, nicht nur die der katholischen Kirche: „... mir kommt nichts beschwerlicher vor, als nicht Mensch sein dürfen. Armut, Keuschheit und Gehorsam. Drei Gelübde, deren jedes, einzeln betrachtet, der Natur das Unausstehlichste scheint, so unerträglich sind alle." (S. 11) Indem er Götzens **Knecht Georg** auf seinen Patron, den Heiligen Georg verpflichtet, schafft er sich einen Stellvertreter im alltäglichen Leben, der mit Glauben und Kirche nichts im Sinne hat, dafür mit fortwährenden Bewährungssituationen. Nun, nach der Verpflichtung durch Martin, will er nicht mehr „nach Sperlingen" schießen, sondern man lasse für ihn „die Drachen kommen".

Lerse

hieß ein Freund aus der Straßburger Zeit, Goethes „Tischgeselle"[52]. Der Theologe Franz Christian Lerse galt wegen seiner zahlreichen guten Eigenschaften als „Schieds- und Kampfrichter bei allen kleinen und größern Händeln, die in unserem Kreise ... vorfielen". Dieser Lerse prägte sich wegen seiner Aufrichtigkeit, Unparteilichkeit und Liebenswürdigkeit so tief bei Goethe ein, dass er sich veranlasst fühlte, „unserer Freundschaft ein Denkmal zu setzen und der wackern Figur, die sich

52 Goethe: *Dichtung und Wahrheit*, BA 13, S. 402

auf so eine würdige Art zu subordinieren weiß, den Namen Franz Lerse zu geben"[53].
Im Stück tritt er erst im 3. Akt auf und bietet sich Götz als Mitstreiter an.

Metzler

soll stellvertretend für die Bauern vorgestellt werden. Der Wirt Georg Metzler von Ballenberg war der erste Oberste Hauptmann des Odenwalder Bauernhaufens. In Urkunden des Bauernkrieges wird er gemeinsam mit Götz genannt. Am 4. April 1525 zog er mit seinen Bauern zum reichen Zisterzienserkloster Schöntal im Jagstgrund. Sein Haufen vereinigte sich mit anderen Bauern zum Hellen lichten Haufen, der nach Weinsberg zog, wo sich der verhasste Graf Ludwig von Helfenstein aufhielt. Er war ein Schwiegersohn Maximilians I. und drohte den Bauern, sich an ihren Weibern und Kindern zu rächen. Die Bauern erstürmten Weinsberg und nahmen den Helfensteiner gefangen. In der Auseinandersetzung um den Helfensteiner wurden die unterschiedlichen Standpunkte bei den Bauern deutlich. Während die einen unter Jäcklein Rohrbach den Helfensteiner und andere Adlige beseitigen wollten, zudem durch die entehrende Strafe des Durch-die-Spieße-Jagens, strebte Metzler nach Reformen, die mit militärischer Macht durchgesetzt werden sollten. An Rohrbachs Stelle trat Götz von Berlichingen, eine keineswegs einmütige Entscheidung der Bauern. In der Schlacht bei Königshofen am 2. Juni 1525 floh Metzler. Nach dieser Niederlage setzte er den Widerstand fort. Über sein Ende ist nichts bekannt. Von dieser Biografie ist im *Götz* nicht viel zu finden. Allenfalls wird die historische Bedeutung ahnbar, wenn Metzler das Stück eröffnet, sich als gut informiert erweist und erste Aktionen

53 ebd., S. 404

auslöst. Als Metzler im 5. Akt nochmals auftritt, berichtet er in Bruchstücken seine oben skizzierten Handlungen, erwähnt die Eroberung von Weinsberg, die Ermordung des Helfensteiners und seiner Adligen. Er beschreibt einen Kometen (vgl. S. 30), den er als Zeichen ihres Kampfes versteht. Auf die Wahl Götzens zum Bauernführer reagiert Goethes Metzler ablehnend und betrachtet die Entscheidung als Rat eines „Fürstenknechts" (S. 102). Er will mit seinem kleinen Haufen weiterhin bedingungslos kämpfen, „Miltenberg dort drüben anzünden" und „den Verträgern zusammen die Köpf" abschlagen (S. 102). So wird er bei Goethe zum Gegenspieler Götz', dem „feigen Kerl" und „Fürstendiener" (S. 106), wie er ihn nennt und weshalb er von Götz niedergeschlagen wird. Götz bezeichnet ihn wegen des Mordes am Helfensteiner als einen „Nichtswürdigen".
Die wesentlichen Ereignisse aus Metzlers Leben sind auf einfache Nennungen reduziert. Im *Urgötz* hatte Metzler eine völlig andere Rolle gespielt. Auch hier trat er als Bauer in der ersten Szene auf, an derem Ende er sich dem Fuhrmann Sievers als Georg Metzler zu erkennen gibt. Im 5. Akt bekommt er in der sogenannten „Helfenstein-Szene" entscheidende dramaturgische Bedeutung. Metzler ist der radikale Revolutionär, der den verhassten Adel beseitigen und ihm keine Zugeständnisse abringen möchte. Dabei bekommt er eine sprachliche Diktion, die Georg Büchner vorwegnimmt. Gleichzeitig sind in seiner Schilderung vom Tod seines Bruders und den Leiden der Bauern noch jene Elemente des Aufbegehrens zu erkennen, die auch das *Lied vom Herrn von Falkenstein* für Goethe[54] interessant werden ließen: Der Liebste ist im Turm

54 Vgl. dazu: Ursula Wertheim: *Das Volkslied in Theorie und Praxis bei Herder und Goethe.* In: Goethe-Studien, Berlin: Rütten & Loening 1968, S. 32 und Edith Braemer: *Die Helfenstein-Szene in Goethes Ur-Götz und ihre Beziehungen zum Volkslied.* In: Edith Braemer / Ursula Wertheim: Studien zur deutschen Klassik. Berlin, Rütten & Loening 1960

gefangen, das Mädchen möchte mit Messern gegen den mächtigen Herren kämpfen. Nun liegt Helfenstein im Turm gefangen und die Bauern werden die Herren durch ihre Spieße laufen lassen.
Die Veränderungen gehören zu den konzeptionellen Veränderungen, die Goethe vornahm. War im *Urgötz* der Bauernkrieg noch ein sozial geprägter Aufstand („Die Bauern vieler Dörfer haben einen schröcklichen Aufstand erregt, sich an ihren tyrannischen Herren zu rächen." sagt Georg zu Götz im *Urgötz* (BA 7, S. 106)), so wurde er in der Überarbeitung zu einem brutalen Plünderungs- und Vernichtungsakt, den Götz aufzuhalten bemüht ist. In der Bearbeitung fehlt dieser Satz Georgs; dafür wird „ein fürchterlicher Komet" erwähnt, der „Tod des Kaisers" befürchtet und der „entsetzliche Aufstand" der Bauern von Lerse als „noch schrecklichere Veränderung" bezeichnet (S. 97). An die Stelle der sozialen Begründung ist nun ein unerkennbares Schicksal getreten. Die Veränderungen dienen der moralischen Aufwertung des Götz.

Soziale Gruppen

Betrachtet man Goethes reiches Figurenensemble, so fällt auf, dass eine Vielzahl von Gestalten nur durch ihre Zugehörigkeit zur Gruppe bestimmt ist und keine individuellen Züge hat. Das betrifft besonders die Bauern, aber auch die Zigeuner. Sie sind durch ihre Freiheitsansprüche geprägt, die soziale (die Bauern, die sich von ihren Unterdrückern befreien) und mentale Ursachen (die Zigeuner, die völlig ungebunden sind) haben.
Der Sturm und Drang erkennt die soziale Vollwertigkeit der unteren Schichten, vor allem der Bauern an. Verbreitet sind Texte, in denen Bauern ihren Anspruch auf diese Vollwertigkeit anmelden (G. A. Bürger *Der Bauer an seinen durchlauchtigsten Tyrannen*), Klopstock führte Musterbauern vor. Goethes

Beitrag zu dieser Aufwertung ist Götzens Entschluss, die aufständischen Bauern zu führen. Diese unteren Schichten stellen die wichtigen plebejischen Repräsentanten der sogenannten **„charakteristischen Nation"** dar, die man im Gegensatz zu der **„polierten Nation"** zu entwickeln gedenkt. Die „charakteristische Nation" ist urwüchsig, nicht verflacht, natürlich, hat innere Werte statt äußerem Glanz. Goethes Götz ist die Personifikation dieser Vorstellungen und vervollkommnet sie durch seine Entscheidung für die Bauern. Das mildert schließlich auch die falsche Entscheidung Götzens, sich für den überholten Zustand der freien Ritterschaft einzusetzen. In der Entstehungszeit des Stückes hatte sich Goethe in den „Frankfurter Gelehrten Anzeigen" (Nr. 323, Stück 86, 27. Oktober 1772) über diese Gegenüberstellung geäußert: Die „charakteristische Nation" war der antifeudale, bürgerlich-plebejische Anspruch gegenüber einer „polierten" Nation: „Sobald eine Nation poliert ist, sobald hat sie konventionelle Wege, zu denken, zu handeln, zu empfinden, sobald hört sie auf, Charakter zu haben."[55] Dem Verfasser des besprochenen Buches warf Goethe vor, sein Wissen in den guten Gesellschaften gesucht zu haben. Sein Urteil wäre anders und damit richtiger ausgefallen, wenn er „den Bauern auf seinem Hof, die Mutter unter ihren Kindern, den Handwerksmann in seiner Werkstatt, den ehrlichen Bürger bei seiner Kanne Wein und den Gelehrten und Kaufmann in seinem Kränzchen oder seinem Kaffeehaus" aufgesucht hätte.[56] Das waren Auswirkungen von Herders Denken auf Goethe; hier wirkte der Straßburger Kreis nach. Die Entdeckung dieser untersten Schichten des Volkes für die Literatur und besonders für die Dramatik, ihre Aufwertung im Figurenensemble war eine der größten literarischen Leistungen des Sturm und Drang.

55 Goethe: *Rezension Charakteristik der vornehmsten europäischen Nationen*, BA 17, S. 244
56 ebd., S. 246

2.5 Sachliche und sprachliche Erläuterungen

Die Erläuterungen beziehen sich auf den Text von 1773 unter dem Titel *Götz von Berlichingen mit der eisernen Hand. Ein Schauspiel.* Schon zu Goethes Zeit machten zwei Ursachen die Sprache ungewöhnlich. Zum einen war Goethe nicht nur durch Herders Auffassung von Volksdichtungen beeinflusst, sondern sammelte auch derartige Dichtungen. In ihnen wurde ein Sprachstand bewahrt, der weder aktuell, noch städtisch war. Dieser Sprachstand wurde auf das Stück übertragen. (Vgl. *Das Lied vom Herrn von Falkenstein S. 64*). Zum anderen bediente sich Goethe der Lebensbeschreibung des Götz von Berlichingen, die aber zur Entstehungszeit des Stückes einen **veralteten Sprachstand** einbrachte. Götz von Berlichingen war 1562 gestorben und zur Zeit des Schauspiels mehr als 200 Jahre tot. Dem Dichter war diese Sprache durch **Luthers Bibelübersetzung** bekannt. Goethe wählte nicht nur den Stoff aus der Vergangenheit, sondern bemühte sich um den Sprachstand dieser Zeit. Das betrifft idiomatische Wendungen, Semantik und Grammatik. Schließlich kam ein weiterer Umstand hinzu. Goethe sprach einen „oberdeutschen Dialekt", der sich von der sonst vorherrschenden „meißnischen Mundart" unterschied. Er hatte während seiner Studien in Leipzig nachdrücklich erfahren, „mit welchem Eigensinn aber die meißnische Mundart die übrigen zu beherrschen, ja eine Zeit lang auszuschließen gewusst hat"[57]. Hatte er sich um diese moderne Variante des Deutschen in Leipzig bemüht, so führte ihn Straßburg auf die vertraute heimatliche Mundart zurück, die er deshalb im *Götz* einsetzte. Häufig werden Bibelzitate oder christliche Begriffe eingefügt: „mess christlich" (in der Bedeutung: Miss wie ein Christ, der wohlwollend zuteilt.)

57 Goethe: *Dichtung und Wahrheit. Zweiter Teil,* 6. Buch. BA 13, S. 273

Es finden sich Wörter wie oberdt. „Turn" (statt „Turm"), „nit" statt „nicht", „stund" statt „stand" (im Volkslied „lahn" statt „lassen"), „deucht" statt „dünkt" (im Volkslied „dörft" statt „dürfte"): Solche Wörter finden sich in Texten des 16. Jahrhunderts, vor allem bei Luther.
Die Verkürzungen der Endungen der finiten Verbformen, Synkopen (Auslassung eines unbetonten Vokals zwischen Konsonanten im Wortinnern) und Elisionen (Auslassung eines auslautenden Vokals, vorwiegend des e) beherrschen die Sprache: „richt" statt „richtet", „G'leit" statt „Geleit", „denk'" statt „denke", „auf'm Schloss" statt „auf dem Schloss" usw. Diese Erscheinungen finden sich bevorzugt in allen Volksszenen und bei Götz'.

Titel und Gattung:

1,1 *Goethe* (ohne „von")	erst 1782 geadelt
1,4 *Schauspiel*	seit dem 16. Jahrhundert üblich für Drama; untragisch

Personen:

Die ersten Drucke hatten kein Personenverzeichnis. Die große Zahl von Personen entspricht den Historien Shakespeares; das antike Drama und die klassizistischen französischen Dramen hatten nur wenige Personen, wie es auch bei Lessing noch der Fall ist.

3,4 *Elisabeth*	Götz war zweimal verheiratet, die Frauen hießen Dorothea
3,6 *Karl*	Götz hatte drei Töchter und sieben Söhne
3,7 *Bube*	Diener, Knappe, auch: zuchtloser (unerzogener) Mensch

3,13 *beider Rechte*	kirchliches Recht und Zivilrecht
3,17 *Lerse*	benannt nach Goethes Straßburger Freund Franz Lerse
3,20 *Metzler, Link, Kohl*	historisch verbürgte Führer im Bauernkrieg
3,25 *heimliches Gericht*	Femegericht (heimliches Freigericht)

1. Akt

5,2 *Schwarzenberg in Franken*:	Schloss bei Haslach an der Aisch
5,19 *auf'n Dienst lauert*	argwöhnisch beobachten, urspr.: aufpassen auf die Diener
5,27 *kroch er zum Kreuz*	man gibt nach. In der Kirche musste der reuige Sünder zur Vergebung auf dem Bauch zum Kreuz kriechen
6,7 *ausgerieben*	frottiert (aus Götzens Autobiografie); hier auch: gestraft
6,13 *despektierlich*	ohne Ehrfurcht, Respekt und Achtung, abfällig
6,21 f. *Tausend Schwerenot*	Verwünschung eines Elends, auch: Schockschwerenot
7,6 *ein gefunden Fressen*	eine günstige Möglichkeit, überraschender Glücksfall
8,11 *Kürass*	von franz. cuir – Leder, Brustpanzer, zuerst aus Leder
10,19 *Dachsbach*	Ort bei Neustadt an der Aisch
10,28 *Bringt's ihm*	auf seine Gesundheit trinken, zutrinken
11,3 *Laboranten*	Kräutersammler für Arzneimittel
11,5 *Erfurt*	1771 hieß es „Weißenfels", nun Hinweis auf Luther

11,16 f. *Armut, Keuschheit und Gehorsam – drei Gelübde*	die drei Mönchsgelübde, die Bruder Martin ablehnt
14,10 *Georg, Patron*	der Märtyrer und Heilige Georg wurde als Drachentöter und Ritter gefeiert
16,7 *Weck*	Weizenbrötchen
16,13 *hundert Taler*	in Götz Biografie ist von 100 Florin die Rede (305 Gulden). Taler ist in diesem Zusammenhang unhistorisch.
17,11 *Türner*	wie „Turn" die oberdt. Form zu „Turm" und „Türmer". „Turn" stand auch im *Lied vom Herrn von Falkenstein*.
17,29 f. *fünf Wölf in die Herd*	das Gespräch folgt der Autobiografie. Das Wappen der Berlichingen hatte einen Wolf mit einem Lamm im Rachen.
18,2 *nistelten*	anhängen, nesteln, an jemanden heften
21,33 *Polacke*	Pole, bis zum Ende des 19. Jahrhunderts neutral gebraucht danach Beleidigung
21,34 *gepicht*	mit Pech abgedichtet, übertragen: schwarz glänzend. In der Autobiografie erzählt Götz, ein Pole habe sich das Haar mit Eiern „gebicht".
22,6 f. *Castor und Pollux*	unzertrennliches Zwillingspaar, auch: enge Freunde
22,27 *Brabant*	Der historische Götz war in seiner Jugend in Brabant.

22,28 f. *Schlenzen und Schwerwenzen*	Schlendern und Scharwenzeln (aufdringlich beflissen sich um eine Person bemühen)
22,30 *Vettel*	unordentliche, alte Frau, abwertend für Frau allgemein
23,18 *Erbfeind*	gemeint sind die Türken, im 19. Jahrhundert wurden die Franzosen so bezeichnet
23,35 *Pfannenflicker*	umherziehender Handwerker, der zerbrochenes Geschirr vorwiegend mit Drahtgeflechten reparierte oder Pfannen lötete
24,15 *Landfrieden*	eine der Reformen Maximilians, beschlossen 1495 auf dem Reichstag in Worms, untersagte die Fehde, verband sich mit der Bildung des Reichskammergerichtes, an dem später Goethe diente.
25,23 *Bologna*	eine der ältesten europäischen und berühmte Universität seit dem 11. Jahrhundert
26,19 *Disputieren*	wissenschaftliches Streitgespräch, besonders verbreitet in der Reformation; Art der wissenschaftlichen Verteidigung
26,22 f. *Corpus Juris*	Sammlung römischer Gesetze, Grundlage des Rechts, bürgerte sich im 16. Jahrhundert ein
26,32 *Glossen*	Kommentare, Auslegungen
26,36 *Implicite, explicite*	eingeschlossen, ausdrücklich. Der Abt verwechselt hier mehrere Fremdwörter miteinander.

27,9 *Vaterland*	gemeint ist das jeweilige Land, hier die Freie Reichsstadt Frankfurt am Main, nicht Deutschland
28,8 *Beutelschneider*	Taschendieb, übertragen: Betrüger allgemein
28,30 *Unschlitt*	Kerzen aus tierischem Eingeweidefett, Talglicht
29,35 *molestiert mich*	belästigt mich, stört, ärgert
37,28 *Sankt Veit*	einer der 14 Nothelfer, Märtyrerzeichen: ein Kessel
37,32 *Melancholie*	eines der vier Grundtemperamente nach antiker Lehre, Bilder von Dürer und Cranach, besonderes Interesse durch die physiognomische Wissenschaft um 1770 (Lavater)

2. Akt

38,7 *Cupido*	Liebesgott, auch: Amor, Eros; Sohn der Aphrodite
38,9 f. *mutilich, männilich*	nur scheinbar alte Prägungen für „mutig" und „männlich", von Goethe geschaffen; oft satirisch eingesetzt, wie auch hier durch Liebetraut
39,1 *Probierstein*	Münzen und Metallgegenstände wurden mit einem harten schwarzen Kiesel auf ihre Härte und Echtheit geprüft; bei Goethe mehrfach bildlich gebraucht.

39,21 *in usum Delphini*	zum Gebrauch des Dauphins (französischer Thronfolger); die Wendung ist anachronistisch, denn erst Ludwig XIV. ließ gereinigte Klassikerausgaben für den Dauphin herstellen.
42,30 *Hörner von deinem Weibe*	Ein betrogener Ehemann bekam von seiner Frau Hörner aufgesetzt, jemandem Hörner aufsetzen
47,11 *Teuerdank*	zeitgenössischer Ritterroman, der von Kaiser Maximilian angeregt und teilweise auch geschrieben wurde, 1517 gedruckt. Adelheid betrachtet es als Dokument der Vergangenheit.
47,19 *Strafe der Acht*	Reichsacht wurde vom Kaiser ausgesprochen, der Betroffene durfte straffrei getötet werden.
47,22 *Rübezahl*	Die Sagengestalt aus dem Riesengebirge kannte Goethe aus der *Dämonologie Rubenzahlii* von Johannes Prätorius
50,23 f. *einen schlechten*	einen schlichten; Bedeutungswandel des Wortes beginnt
52,8 *Antistrophe*	parallel gebaute Gegenstrophe zu einer ersten Strophe; hier: Entgegnung in der gleichen Art
52,13 *Phönix*	sagenhafter Vogel, der beim Verbrennen immer neu und jung aus der Asche steigt
54,12 *Kissen*	im übertragenen Sinne das Sargkissen bzw. das Kissen beim Köpfen; drückt Drohung aus

55,4 *Sapupi*	Anagramm aus Papius, latinisiert Franz von Pape, einem bestechlichen Richter am Kammergericht in Wetzlar
55,19 *Blechen*	Geld in der Gaunersprache; abgeleitet „blechen" (bezahlen)
56,9 *Speyer*	Speyer war zur Zeit Götz' Sitz des Kammergerichts
56,9 f. *Visitationszeit*	jährliche Untersuchungszeit durch kaiserliche Beamte
56,24 *Mühlbach*	Ortschaft in Unterfranken
56,28 *Nacht-Ims*	Nacht-Imbiss

3. Akt

57,18 *Grillen*	wunderliche Einfälle
57,26 *Frankfurter Mess*	zu dieser Zeit die wichtigste deutsche Messe
58,5 *Pfeffersack*	Pfeffer war das wichtigste internationale Gewürz, Salz das wichtigste nationale; auch die Kaufleute wurden oft Pfeffersäcke genannt
58,6 *Reich aufmahnen*	das Reichsheer zusammenrufen
58,14 f. *Köpfe der Hydra*	neunköpfiges Untier (Seeschlange), von Herakles als eine seiner 12 Arbeiten erschlagen
59,19 *Bann*	Territorium, in dem die Gerichtsbarkeit des Grundherrn gilt und sich ein der Reichsacht Verfallener bewegen darf
59,18 *Urfehde schören*	Eid ablegen, auf alle Kämpfe zu verzichten

61,26 *Exekution*	die zur Bestrafung eingesetzten Reichstruppen
64,21 *Conrad Schotten*	Raubritter, 1524 enthauptet, stammt aus der Autobiografie
64,21 *Haßfurt*	Stadt am Main
64,34 *Hand, Kohlen*	sich die Finger verbrennen (aus der Autobiografie)
67,15 *Memme*	Feigling, Waschlappen, ursprünglich: Mutterbrust
68,14 *Feldscher*	Wundarzt
70,23 *Wartturn*	auf der Bühne schwer darstellbare Ereignisse (Kämpfe) werden durch eine sogenannte Mauerschau (Teichoskopie) vermittelt: Die Ereignisse werden erzählt. Das Verfahren stammt von Homer (*Ilias*) und wurde auch von Shakespeare häufig verwendet.
71,33 *Fähndrich*	Fähnrich (Offiziersrang), Fahnenträger
72,34 *Strauß*	Kampf, Gefecht, Auseinandersetzung
81,23 *Cherubim*	Vgl. Altes Testament 1. Mose 3,24

4. Akt

84,4 *Kapuziner*	Bettelmönch, Name nach der spitzen Kapuze
84,5 *in einen Sack*	Volksglaube, man könne Geister in Säcke bannen und fortschaffen; in der Autobiografie sollte der Sack „an der ödesten Gegend" abgelegt werden; findet sich in elsässischen Sagen

84,5 f. *Ich … fruchte mir nichts*	es nutzt mir nichts; keine Frucht von etwas haben
84,19 *die deputierten Räte*	Kaiserliche Räte, die der Kaiser abgeordnet hatte
85,4 *Kehrig*	Kehricht, Gekehrtes; von kehren
85,22 *Weinschröter*	derbe, kräftige Fuhrleute, die Weinfässer transportieren
88,8 *Konterfei*	Abbild, Bildnis
88,23 *Wehren*	Schwerter
88,26 *ungrischer Ochs*	gemeint sind sicher ungarische Ochsen, die als besonders stark galten
89,23 *Schlag*	Stadttor, (Schlagbaum)
90,1 f. *Gerechtsame vergeben*	auf die rechtlichen Befugnisse verzichten
92,15 *Adelheidens Schloss*	irrtümlich aus dem *Urgötz* übernommen; später wird deutlich, dass Adelheid und Weislingen in Augsburg am Hofe sind (93,31)
91,8 *Terminei*	die eigene Grenze, Bezirk der Gerichtsbarkeit
93,14 ff. *Karl*	Maximilians Enkel Karl V., geb. 1500, seit 1516 spanischer König, Herr über Burgund und über die amerikanischen Kolonien, seit 1519 deutscher Kaiser, kam erst 1520 nach Deutschland
95,33 *Nachkommenschaft*	in der Bedeutung: Nachwelt
96,6 *Da waren …*	nicht wörtlich aus Götz' Lebensbeschreibung, sondern eine Art Zusammenfassung des vorletzten Kapitels

96,6 *Bündische*	Angehörige des Schwäbischen Bundes
96,16 f. *Miltenberg, Singlingen*	Orte im Odenwald und an der Jagst, vielleicht aber auch nur fiktive Adelsgeschlechter

5. Akt

98,2 *Bauernkrieg*	hinter der Beschreibung der grausamen Taten der Bauernführer treten die Gründe für den Bauernkrieg bei Goethe deutlich gegenüber dem *Urgötz* zurück. Die Eroberung Weinbergs durch die Bauern (16. 4. 1525) wird berichtet (98,17 ff.), aber die Bauern werden grundsätzlich ins Unrecht gesetzt, um Götz aufzuwerten.
98,19 *Kehraus*	scherzhaft für: letzter Tanz; die langen Kleider der Frauen „kehrten" den Boden
98,26 *Dietrich von Weiler*	den Vorgang übernahm Goethe aus einer Anmerkung Pistorius' zu Götzens Lebensbeschreibung
98,29 *Wetter*	wie der Blitz
99,2 *trenteln*	trödeln
99,5 *Helfenstein*	im *Urgötz* gab es dazu eine selbstständige Szene (Helfenstein-Szene), die später gestrichen wurde. Es handelte sich um Ludwig von Helfenstein, der mit einer unehelichen Tochter Maximilians I. verheiratet war.

99,6 *Eltershofen*	Unter den bei Weinsberg von den Bauern gefangenen Adligen befand sich ein Rudolf Nagel von Eltershofen.
99,36 *schwürig*	aufrührerisch, wie ein „Geschwür"
100,21 *rauchen*	rauhen (alte Schreibung), Pelze nennt man auch „Rauchware" (mit Haaren bewachsen)
101,23 *Sattelhenkens Zeit*	Zeit, den Sattel an den Nagel zu hängen, von Götz' Lebensbeschreibung übernommen
103,8 *der ganze Bund*	der Schwäbische Bund, dessen Truppen die aufständischen Bauern niederschlugen
107,13 *geheischen*	gebettelt
107,21 *den wilden Jäger*	Umschreibung des germanischen Gottes Wotan, der mit einem Totenheer auf die Jagd zog
108,1 *Zunder*	trockener Baumschwamm, der zum Feuermachen diente
108,21 *Blutwurzel*	blutstillende Wurzel (tormentilla erecta)
111,15 *unerhörte Exekutionen*	Die aufständischen Bauern wurden grausam und bestialisch hingerichtet und ermordet.
111,16 *gerädert*	dem Verurteilten wurde der Körper mit einem Rad zerquetscht
111,17 *geviertelt*	gevierteilt; ein Verurteilter wurde von Pferden in vier Teile zerrissen
111,18 *Metzge*	Metzgerei, Fleischerei, Schlachthaus.

115,2 *heimliches Gericht*	Goethe war durch seine Studien mit dem Femegericht vertraut; aber die Bräuche im Stück entsprechen nicht den historischen Tatsachen. Die Feme verhandelte am Tage, ohne Vermummung und unter freiem Himmel. Sie lud den Beklagten vor, richtete Schuldige ausschließlich durch den Strang hin und schloss Frauen von ihrer Gerichtsbarkeit aus.
118,19 f. *Wurzeln abgehauen*	Vgl. Neues Testament, Matthäus-Evangelium 3,10
119,18 *Nachkommenschaft*	wiederum in der Bedeutung: Nachwelt

2.6 Stil und Sprache

Das Schauspiel gehört zu Goethes Interessen für spätes Mittelalter, Luther und frühe Neuzeit. Der *Götz* steht neben den Anfängen zum *Faust* und Goethes Huldigung an Hans Sachs. Er bemühte sich auch um die Sprache dieser Zeit. Das Schauspiel ist in einer schon zu Goethes Zeit altertümlich wirkenden Sprache geschrieben worden. Das war Absicht. Zum Bruch mit dem klassizistischen Vorbild der Franzosen und Gottscheds gehörte auch, die Sprache rigoros aus ihren rhythmischen Bindungen zu lösen und statt des bisher üblichen Alexandriners die freie Rede zu verwenden. Die Sprache wurde auch für die Beschreibung **sozialer Schichtungen** genutzt:

Kaiser, Bischof, Höflinge	hochdeutsch, versetzt mit Fremd- und Fachwörtern
Jurist Olearius	professorale Kathedersprache mit Formeln
bambergische Reiter	Sprache im Befehlsstil
Götz und die Seinen, Ritter	mäßig oberdeutsch, beherrschen aber auch in der Anrede den Kanzleistil wie „Ihro Majestät"
Karl von Berlichingen, Kind	spricht kindgemäß, in Diminutiven (Verkleinerungen)
Kaiserliche Räte in Heilbronn	Amtssprache der Kanzleien mit Floskeln
Bruder Martin	Sprache der Lutherbibel, Gebetsstil
Bauern, Handwerker	stark oberdeutsch
Zigeuner	stark oberdt. mit umgangssprachlichen Reduktionen (Pronomen)

moderne Sprache, Vorwegnahmen und Charakterisierungen

Shakespeare hat bei der Sprachgestaltung Pate gestanden; die Bilder sind so kühn, dass manche von ihnen in der Überarbeitung verschwanden wie der Georg Büchners *Woyzeck* vorweg nehmende Satz des Bauernführers Metzler„Mir war, als hätt' ich die Sonn' in meiner Hand und könnte Ball mit spielen." Er wurde gestrichen wie die Helfenstein-Szene, aus der er stammte.

Die Sprache wurde Goethes entscheidendes Mittel, um die Figuren zu unterscheiden. Götz verwendet zahlreiche Wendungen aus der Lebensbeschreibung des Ritters. Die Verbündeten des Götz äußern sich ähnlich und bedienen sich offenkundig einiger Versatzstücke aus der Luther-Bibel. Die Vertreter des Hofes sprechen maniriert und gekünstelt, setzen Fremdwörter und idiomatische Wendungen ein („Ich werd's zu rühmen wissen." S. 27), die Rituale, wie die Ehrerbietung in akademischen Kreisen, begleiten. Unter den sprachlichen Bereichen bei Hofe fallen besonders die juristischen Fachausdrücke auf, auch die Versatzstücke einer starren Kanzleisprache; beides geht auf Goethes gerade abgeschlossene Studien und, die Fassung von 1773 betreffend, auf seinen Aufenthalt am Reichskammergericht in Wetzlar zurück.

Charakterisierung der einzelnen Figuren

Neben Gruppen stattete Goethe auch Einzelfiguren sorgfältig mit einem sprachlichen Charakter aus. Maria, die Schwester Götz', verwendet deutlich christliches Vokabular, geprägt von Nächstenliebe und einer tätigen Frömmigkeit im Sinne Luthers. Diese wiederum versucht sie an Karl, den Sohn Götz', weiterzugeben, bei dem das Vokabular sich kindlich vereinfacht wiederfindet und Folgen hat: Karl geht ins Kloster.

2.7 Interpretationsansätze

Mit dem **Titel** *Götz von Berlichingen mit der eisernen Hand* verweist Goethe auf nationalgeschichtliche Traditionen. Götz wurde 1480 auf der Burg Jagsthausen (bei Goethe auch: Jaxthausen), dem Stammschloss seines Geschlechts, geboren. Seit 1498 nahm er an kriegerischen Ereignissen teil und diente verschiedenen Herrschern. Im Landshuter Erbfolgekrieg verlor er seine rechte Hand, die durch eine eiserne ersetzt wurde. Danach führte er zahlreiche Fehden auf eigene Rechnung und in der Manier eines Raubritters. Er saß in Haft, führte 1525 kurze Zeit ein Bauernheer im Bauernkrieg, von dem er sich aber trennte, als die Schlacht mit dem Schwäbischen Bund bevorstand. Elf Jahre verbrachte er in einer Art Hausarrest auf seinem Schloss Hornberg. 1542 verwendete ihn der Kaiser im türkischen, 1544 im französischen Feldzug. Der historische Götz starb 1562.
Goethes **Genrehinweis „Schauspiel"** in der Umarbeitung ist ernst zu nehmen. Einmal setzt er sich von der „Geschichte" des *Urgötz* ab, die in erster Linie episch und eine dramatisierte Lebensbeschreibung war. Goethe selbst hielt diese erste Fassung für einen Entwurf. In dem Stück „ist der tragische Gegensatz des Rittertums gegen Kaiser und Fürsten in seiner adäquaten Form vorhanden, und darum hat Goethe mit Recht ihn zum Helden gemacht"[58]. Aber Götzens Untergang ist wie der aller anderen Personen nicht durch tragische Konflikte bestimmt. Seine Vorstellungen von Freiheit sind historisch überholt und lassen ihn einem Don Quichotte ähnlich werden. Allein seine moralischen Ansprüche verdecken seine historische Rückständigkeit. Schließlich enthält der Begriff **„Schauspiel"** ein **bürgerliches Element**. Oper, Tragödie und Trauer-

58 Marx: Brief an Ferdinand Lassalle vom 19. April 1859, Sickingendebatte, S. 180

spiel blieben hohen, das Lustspiel sozial niederen Figuren vorbehalten. Durch Diderot, Gottsched[59] und Lessing wurde das Schauspiel den neu eintretenden bürgerlichen Schichten geöffnet. Goethe ging noch einen Schritt weiter: Er nutzte die „Ständeklausel" nicht mehr, ließ aber neben den Bürgern auch andere Schichten auftreten, wobei ihn im *Urgötz* besonders die unteren Schichten interessierten.

Der *Urgötz* und die ersten Drucke der Überarbeitung 1773 und 1774 hatten kein **Personenverzeichnis**. Als Goethe 1787 das Stück in seine *Schriften* bei Göschen aufnahm, waren nicht nur das weltberühmte Zitat („Er kann mich –") und andere aufregende Stellen („Scheißkerle") beseitigt worden, sondern das Personenverzeichnis hinzugekommen. Es ist umfangreich und für die damalige Zeit geradezu schockierend. In der Regel agierten kaum mehr als 7 bis 10 Personen auf der Bühne, bei Goethe wurden zwei Dutzend namentlich genannt, mehrere Dutzend finden sich in den verschiedenen sozialen Gruppen (Bauern, Zigeuner, Bürger) und in den militärischen Einheiten. Das Verzeichnis vermerkt historische Personen (Maximilian, Götz, Selbitz, Sickingen) und fiktive (Weislingen, Adelheid) oder mindestens halbfiktive (Bischof von Bamberg ist Georg von Limburg; historisch ist nur seine Fehde wegen eines gefangenen Reiters). Einigen historischen Personen gab Goethe andere Namen: Götz war zweimal verheiratet, beide Frauen hießen Dorothea, nicht Elisabeth; neben historischen Bauernführern wie Metzler und Link erfand Goethe weitere (Sievers, Wild). Einige fiktive Gestalten bekamen Namen authentischer

59 In Gottscheds *Kritischer Dichtkunst* (1729) wurden literarische Nachahmungen abgelehnt, die „der Natur nicht ähnlich" sind. Der Dichtung „ganzer Wert entsteht von der Ähnlichkeit"; was nicht „der gesunden Vernunft genüge, „das kann nicht für vollgültig genommen werden". Weil die Welt aufgeklärter als früher sei, dürfe nichts durch Wunder erklärt werden, sondern durch die Natur: „Man schaue auf die Natur, und dieser folge man: denn das dringt am tiefsten in die Gemüter, was sie einsehn." Damit gab Gottsched dem bürgerlichen Denken Raum und dem Schauspiel eine Chance.

Gestalten: Bruder Martin trägt den Tauf- und Klosternamen Martin Luthers, Lerse den Namen von Goethes Freund aus der Straßburger Zeit. Olearius, der latinisierte Öhlschläger oder Öhlmann, war ein verbreiteter Wissenschaftlername des 17. Jahrhunderts.

Die **Handlungszeit** des Dramas, da stimmen beide Fassungen überein, ist fast identisch mit einer staatlichen Umbruchzeit zwischen 1517 und 1526; die Personen des Stückes umfassen vom Kaiser Maximilian I. bis zu den Bauern auch Schichten, die in dieser Umbruchzeit wichtig wurden. Lediglich der Papst spielt keine Rolle. Es ist eine Zeit der Auflösung des Reiches ebenso wie einer Neubildung des Reiches unter veränderten Vorzeichen. Götz war der Repräsentant der Auflösung und konnte so auch im Sterben eine Untergangsvision haben: „Es kommen die Zeiten des Betrugs, es ist ihm Freiheit gegeben. Die Nichtswürdigen werden regieren mit List, und der Edle wird in ihre Netze fallen." (S. 119) Das ist keine historisch fassbare Zeit mehr, sondern die Gegenüberstellung von irdischer und himmlischer Zeit. Wenn Götz mit den Worten „Freiheit! Freiheit!" stirbt, ist das ein Bekenntnis zu den allgemeinen Wünschen und Hoffnungen der emphatisch aufbegehrenden jungen Generation des Sturm und Drang. Elisabeth kann problemlos darauf verweisen, wo Götz diese Freiheit finden wird: „Nur droben, droben bei dir. Die Welt ist ein Gefängnis." (S. 119) Tatsächlich kam nach Maximilian I. sein Enkel Karl V. an die Macht, der letztlich an der modernen europäischen Nationalstaatsidee scheiterte.

Einige **Unterschiede zwischen den beiden Fassungen** sollen beschrieben werden, weil trotz zahlreicher Übereinstimmungen zwei nur bedingt einander ähnliche Stücke entstanden sind. Einerseits sind die Änderungen dramaturgischer Natur. Goethe hat die Handlung geordnet, die Szenen logischer aufeinander bezogen und vor allem Adelheid und

Weislingen, entscheidend zurückgenommen. In der ersten Fassung war Götz am Ende in den Hintergrund getreten. Es wurden in der Überarbeitung überspitzte und unmotivierte Beziehungen abgebaut wie die Sickingens, der gerade Götzens Schwester geheiratet und den Schwager gegen Verrat verteidigt hatte, zu Adelheid, der er völlig verfällt, für die er einen Thron erobern würde und die dennoch zufrieden wäre, an seiner Brust zu ruhn: „Ich würde nicht schöner ruhen als hier. *Sie legt ihre Hand auf seine Brust, er küsst sie.*" (BA 7, S. 125)
Hinzu kamen **inhaltliche Veränderungen**: Die Bedeutung Maximilians wurde zurückgenommen – eine große Szene wurde ihm gestrichen –, um Götz aufzuwerten. Ebenso wurden Bauernkriegsszenen gestrichen und die erhalten gebliebenen auf Götz ausgerichtet. Gestrichen wurde auch das Motto aus Albrecht von Hallers Staatsroman *Usong. Eine morgenländische Geschichte* (1771). Die Zigeunerszenen wurden überarbeitet. Am Ende des 2. Aktes kam die Szene „Herberge" hinzu: Götz und Selbitz nehmen an einer Bauernhochzeit teil. Auf ihr erfahren sie, wie unwirksam die Rechtsprechung der Zeit war und wie erst Bauernschläue aus den Urteilen etwas zu machen versteht. In diese teils ironisch gezeichnete Szene, die nach Goethes Aufenthalt in Wetzlar entstand, sind seine Erfahrungen am Reichskammergericht ebenso wie seine Unlust an juristischen Prozessen eingegangen. Für Götz sind die Erfahrungen der Bauern Bestätigung, sich sein Recht durch seine eigene Kraft zu erkämpfen.
Der **5. Akt** bekam eine völlig neue Gestalt. Die Szenen wurden neu geordnet, mehrere aus der frühen Fassung gestrichen. Der bedeutsamste Einschnitt und der größte Verlust war die Streichung der **Helfenstein-Szene**. In ihr war der soziale Charakter des Bauernkrieges sozial und historisch präzise dargestellt worden. Götz war in der Szene nicht vertreten. Umso deutlicher erschien Metzler als der radikale Gegenspieler des

vorsichtigen Bauernführers Götz, der von den übrigen Bauernführern als andere Möglichkeit ins Gespräch gebracht wird: „Es fehlt uns ein Anführer, von Kriegserfahrenheit und Ansehn." (BA 7, S. 118) Die Szene ist ein genialer und einzigartiger Entwurf, die individuelle Geschichte Götzens mit der nationalen Niederlage zu verbinden. Die Szenerie ist bedrohlich und gespenstisch: „Nacht. Eine halb verfallne Kapelle auf einem Kirchhof." Metzler berichtet, wie er den Helfenstein mit anderen gefangen genommen hat. Er erklärt, dass ihre Hinrichtung bei Sonnenaufgang erfolgen solle. Für Metzler ist das eine notwendige Lösung des sozialen Widerspruchs, haben Adlige wie Helfenstein doch den Bauern das Blut ausgesogen wie „Blutigel", aber es ist auch seine persönliche Rache, weil sie seinen Bruder „in Verzweiflung sterben" ließen. Die Frau Helfensteins bittet mit ihrem Kinde um Barmherzigkeit, aber Metzler lehnt ab: Helfenstein war auch nicht zur Barmherzigkeit fähig. So wie damals kein Gott gehört habe, werde nun auch keiner hören. Beim Tod des Bruders habe er „heiße, höllenheiße Flüche – über das Mördergeschlecht" geschworen.
Die Kürzungen und Veränderungen im 5. Akt führten dazu, dass Götzens Niederlage und sein Versagen als Führer der Bauern, sein drohender Tod durch Weislingens Urteil und sein stilles Verdämmern im „Gärtchen am Turm" dicht aufeinander folgen. Das war durch die zwischengeschobenen Adelheid-Szenen im *Urgötz* nicht der Fall. Durch die Straffung 1773 fallen individueller Untergang und Untergang einer revolutionären Bewegung unmittelbar zusammen, ohne dass Götz seine zentrale dramaturgische Funktion verliert. Es ist das Schauspiel über den Untergang eines Ritters, der für die unteren sozialen Schichten allenfalls Mitleid entwickeln kann. Ein wirklicher Partner wurde er für sie nicht.
Auf das englische Vorbild verwies vor allem die Abfolge der Handlung. Sie war nicht im aristotelischen Sinne in Szenen

gegliedert, sondern verlief scheinbar ungeordnet. Der schwedische Dramatiker August Strindberg, der Goethes *Götz* bewunderte, beschrieb diese Form nach wiederholter Lektüre des Stückes so: „Es gefällt mir. Aber kein Wort darf gestrichen werden, das Ganze – ist alles; keine ‚Szenen', keine sichtbare Technik, und dennoch die Wirkung."[60] Die Episoden waren nicht, wie im antiken Drama, logisch voneinander abgeleitet, damit eine zwingende Handlung entsteht, sondern sie folgten einander scheinbar willkürlich, auch in den Ortsangaben springend, fast zufällig erscheinend. Aber sie folgten alle einer Grundsituation: Diese wurde in der Eröffnungsszene vorgegeben, Götz befand sich in ständiger Auseinandersetzung mit dem Bischof von Bamberg, also mit einem Vertreter der Territorialgewalt. Diese Auseinandersetzung, die immer größere Ausmaße bekommt und schließlich sogar den Kaiser einbezieht, führt trotz einiger Erfolge des Götz zu Unglück und Untergang für ihn. Damit verliert der freie Ritter im Kampf gegen die neue Macht. Götz' individuelles Schicksal wird genutzt, um den allgemeinen geschichtlichen Vorgang zu beschreiben. Zwar hatte Goethe die **Form des Stückes von Shakespeare** bezogen und in seiner Beschreibung des Straßburger Münsters hatte er begründet, dass diese Kunst – Literatur wie Architektur – mit den Details, der Vielfalt, den miteinander harmonisierenden Einzelheiten wirkte, aber er erkannte schnell, dass für diese Kunst auch bestimmte Theaterverhältnisse vorhanden sein mussten, die es in Deutschland nicht gab. So blieb sein *Götz* das einzige Stück, das sich so konsequent der Form Shakespeares bediente. Danach benutzte er das bürgerliche Schauspiel, wie es Lessing entwickelt hatte: Bereits *Clavigo* 1774 war ihm verpflichtet.

60 August Strindberg: *Samlade Skrifter.* Band XIV, utgiva av Torsten Eklund. Stockholm, Brief Nr. 4700

Goethes Stück entwickelt vor den Augen des Zuschauers eine dramatische Handlung, deren Kern der Untergang des Ritters Götz von Berlichingen ist. Besonders auffallend ist das in der Liebesbeziehung zwischen Maria und Weislingen, die dramaturgisch gebraucht wird, um Weislingen als treulosen Verräter an Götz vorzuführen: Die erste Begegnung der beiden Liebenden auf der Bühne setzt ein mit Marias Reaktion auf Weislingens Geständnis („Maria: Ihr liebt mich, sagt Ihr."). Nicht einmal die Liebeserklärung selbst bekommt der Zuschauer zu sehen. Dadurch hat der Zuschauer die Möglichkeit, diese Leerstellen mit eigenen Vorstellungen zu füllen.
Die Auswahl der Szenen hat zur Folge, dass Götz entgegen der tatsächlichen historischen Situation als überlegen erscheint. Tatsächlich ist Götz' politisches Weltbild überholt, seine Lebenshaltung ist konservativ. Zu Beginn des 16. Jahrhunderts wechselt Deutschland vom mittelalterlichen Feudalwesen, in dem die freien Ritter, die nur dem Kaiser untertan sind, eine wesentliche Macht waren, zu einer Territorialfürstenstruktur, an deren Spitze der Kaiser steht. Da die Ritter als reichsunmittelbarer Stand noch Macht besaßen, die Territorialfürsten diese aber nicht mehr anerkannten, lebten Ritter und Fürsten in ständiger Fehde. Während die Ritter versuchten, ihr altes Recht zu erhalten, bemühten sich die Fürsten, die neuen Rechte durchzusetzen. Die Freien Reichsstädte bekamen zusätzlich große Bedeutung, ein wohlhabendes Bürgertum nahm Einfluss auf die Macht. Goethe erlebte in Frankfurt am Main, wie sich die wohlhabenden Bürger dem Adel gleich, sogar überlegen fühlten. – Das Bürgertum taucht im Stück nur am Rande auf. Zwei Kaufleute bitten den Kaiser um Schutz vor Götz und Selbitz, die dreißig Kaufleute, „die von der Frankfurter Messe kamen, im bambergischen Geleite niedergeworfen und beraubt" (S. 57 f.) hätten. Die Szene ist aufschlussreich. Der Kaiser sieht sich genötigt, Stellung zu der für

ihn ungewohnten, weil bürgerlichen Situation zu nehmen, wenn „ein Kaufmann einen Pfeffersack" verliert, und beherrscht doch das neu entwickelte feudale System der Territorialfürsten, „Königreich, Fürstentum, Herzogtum und anderes" (S. 58) noch nicht einmal.
Waffen- und kriegstechnisch steht der auf sich selbst gestellte Ritter seit der Erfindung des Schießpulvers auf verlorenem Posten gegen die beweglichen, schnell agierenden und mit weit reichenden Waffen kämpfenden Landsknechttruppen und die bewehrten Städte. Götz ist sich des Gegensatzes bewusst. „Es sind lauter Mietlinge. Und dann kann der beste Ritter nichts machen, wenn er nicht Herr von seinen Handlungen ist." (S. 62) Während die Territorialfürsten immer reicher wurden, zumal sie das Münzrecht, das Steuerwesen und das Rechtswesen besaßen, verarmten die Ritter immer mehr und wurden als Raubritter an den Rand der Gesellschaft gedrängt. Auch Götz von Berlichingen wird von Goethe als ein Ritter gezeigt, der städtische Kaufleute überfällt.
Indem Götz aber vor allem in seinen siegreichen Taten gegen die neue Zeit vorgestellt wird und die neue Zeit selbst durch charakterlose, geradezu kriminelle Figuren vertreten wird, kann die **Sympathie des Zuschauers** oder Lesers Götz und seinem überholten Geschichtsbild gehören. Man nimmt ihm sogar seine Vorstellungen von einer individuellen anarchistischen Freiheit ab, die mit den historischen Entwicklungen unvereinbar war. Das wird durch eine Dramaturgie verstärkt, die Götz mehrfach in den sympathischen Figuren spiegelt und ihn durch diese Gestalten auch in verschiedenen Varianten zeigt. Georg ist das sehr junge Abbild Götz', Martin das mannhaft protestantische Abbild. Die Reihe setzt sich mit Lerse und Sickingen fort. Götz strebt nach einer idealen Lebensform, wird aber gleichzeitig immer wieder auf den engen Raum seiner Burg zurückgeworfen. Dramaturgisch geschickt wech-

seln die Handlungsausschnitte zwischen großen geschichtlichen Ereignissen und kleinen, fast privaten Vorgängen, zwischen einer glänzenden Außenwelt und einer biederen Innenwelt.
Das allerdings hat zur Folge, dass zwar die Lichtgestalt des Götz den Zuschauer fasziniert, er aber nur in einer abendmahlähnlichen Ausnahmesituation Konturen einer anderen Zeit zu finden vermag. Dass sich die Zustände verbessern könnten, ist ungewiss. Erst im „Egmont" entwickelte Goethe, auch nur als Traum und Symbol, eine gesellschaftliche Utopie, die Götzens idealen Entwurf wieder aufnimmt.
Goethe hat eine interessante **dramaturgische Anlage** gefunden: Götz und Weislingen sind wie zwei Seiten einer Medaille. Sie kommen beide aus der freien Ritterschaft, waren befreundet und sind etwa gleichaltrig. Die Freundschaft wird zerstört, weil sie gegensätzliche Wege gehen. Während Götz weiterhin der freie Ritter bleibt, wird Weislingen der Repräsentant der neuen Territorialmächte, wie sie im Bischof von Bamberg auftreten. Politisch ist Weislingen der weitaus modernere Adlige, Götz der überholte. Moralisch aber ist Götz der überlegene Mensch, vom ersten Augenblick an wird er als „ein rechtschaffener Herr" (S. 5) beschrieben. Weislingen ist der moralisch kritikwürdige Mensch. Durch Adelheid werden seine politischen und ökonomischen Interessen fast vollständig ausgeschaltet und er verfällt der „Zauberin", so sein eignes Wort (S. 54) triebhaft. Damit sind die beiden männlichen Hauptgestalten in gleicher Weise unvollkommen, beider Tod ist kein tragischer, sondern allenfalls ein trauriger, weil sich beider Tod nicht aus einer zwanghaften Entscheidungssituation ergibt.
Neu war an dem Stück, dass es die anerkannte aristotelische **Dreieinheit** (des Ortes, der Zeit und der Handlung) rigoros auflöste. Sie war nach dem Beispiel der antiken Dichter und der französischen Klassizisten durch Gottsched durchgesetzt und von Lessing weitgehend bestätigt worden. In Straßburg

hatte sich Goethe intensiv mit Shakespeare beschäftigt und erkannt, dass dieser Dichter nicht nur ein unerreichbares Vorbild, sondern wegen dieser Vorbildlichkeit auch eine große Belastung sein konnte. Nicht mehr als ein Stück Shakespeares pro Jahr habe er vertragen, meinte Goethe rückblickend auf seine Jugend. Shakespeares Werke überzeugten Goethe davon, dass der vorgegebene Bühnenraum, die Voraussetzung für die Einheit des Ortes, und „die kurze, einer Vorstellung zugemessene Zeit", die Bedingung für die Einheit der Zeit, nicht geeignet schienen, „um etwas Bedeutendes vorzutragen"[61].
Wie weit Goethe bei der Auflösung der Dreieinheit ging, zeigen die Adelheid-Szenen im Stück. Diese Frauenfigur begeisterte Goethe selbst so, dass er sich in sie verliebte und darüber sein Stück vergaß.[62] Das hatte Wirkungen. Es entstanden um Adelheid Szenen, die eine von Götz weitgehend unabhängige Handlung bilden. Zwar erlebt der Zuschauer die Verführung Weislingens durch Adelheid mit, im Gegensatz zur Liebeserklärung Weislingens an Maria, aber mit der Handlung um Götz sind diese Szenen nur lose verbunden. Das zeigte den jugendlichen und impulsiven Dramatiker, noch nicht den erfahrenen Dramatiker wie es Shakespeare war. Eines allerdings fällt auf: Die sittsame Liebe, die zur Ehe führt, wird nur behauptet, man denke nochmals an Weislingens Beziehung zu Maria und deren Satz „Ihr liebt mich, sagt Ihr." Ähnlich unauffällig vollzieht sich die Verbindung Sickingens und Marias: Sickingen stellte seinen Antrag hinter der Bühne und berichtet Götz über das Gelingen. In ihm klingt an, dass es mehr Behauptung denn Gefühl war, was diese Liebe ausmachte. Die erotisch faszinierende Liebe, wie sie Adelheid verkörpert, wird für die damaligen Verhältnisse recht offenherzig und anspruchsvoll vorgeführt.

61 Goethe: *Dichtung und Wahrheit*, BA 13, S. 613
62 Goethe: *Dichtung und Wahrheit*, BA 13, S. 614

Eckermann beschrieb Goethes *Götz* sogar als ein Stück, das „über die Einheit der Zeit und des Ortes so weit hinausgeht als nur immer möglich, aber auch so in der Gegenwart sich entwickelnd, alles vor die unmittelbare Anschauung bringend, und daher so echt dramatisch und fasslich ist als nur irgendein Stück in der Welt"[63]. Die Ursache für diese Struktur war Goethes Beschäftigung mit Shakespeare; mit dem *Götz* und dem *Egmont* habe er sich diesen Dichter „vom Halse" geschafft[64]. Goethe überschritt die zu der Zeit herrschenden dramatischen und theatralischen Grenzen rücksichtslos; es gab sie für ihn von einem Tag zum anderen nicht mehr. Das Ziel war, „sich den lebendigen Ereignissen mehr und mehr zu nähern"[65]. Das aber war der Gegensatz zu dem herrschenden französischen Klassizismus und der ihm folgenden aufklärerischen Dramatik, die der Wirklichkeit ein Ideal entgegenstellen wollten. Goethes Theater und damit die Dramatik des Sturm und Drang wollte die Wirklichkeit selbst sein.
Von großer Präzision ist die **Exposition des Stückes**, die in die Vielgestaltigkeit der Handlung einführt, ohne die Hauptpersonen selbst auf die Bühne zu bringen. Aber bereits der erste Dialog nennt Berlichingen. Mit ihm verbindet sich zudem Erzählenswertes, was die Bamberger, die neben den Bauern im Wirtshaus sind, so ärgern könnte, „sie möchten schwarz werden" (S. 5). Ähnliches vollbrachte Goethe dann auch mit der Exposition des *Egmont*. Die Exposition führt sowohl in die Spannungen zwischen den handelnden Gestalten – Götz und Bischof von Bamberg – ein als auch in die widersprüchliche Atmosphäre der Zeit – Unmut der Bauern gegenüber den Herrschenden („Dürften wir nur so einmal an die Fürsten, die uns die Haut über die Ohren ziehen." S. 7). Götz

63 Eckermann, S. 167
64 ebd., S. 220
65 Goethe: *Dichtung und Wahrheit*, BA 13, S. 613

erscheint zwischen diesen Fronten als Hoffnungsträger, aber es fällt auch Zwielicht auf ihn: Seine Reiter leisten ohne Bezahlung „keinen Streich", auch nicht, wenn es sich um Hilfe für Bauern handelt („... das ist ein gefunden Fressen!" S. 7).
Das Stück besteht aus einer losen Folge von ursprünglich 59 Szenen. Weniger die dramaturgische Logik wird beachtet, sondern der Anspruch, „Geschichte" zu dramatisieren. Insofern ist der erste Titel durchaus doppeldeutig: Es ist eine Geschichte und es ist die Geschichte. Es geht Goethe um den „rohen, wohlmeinenden Selbsthelfer in wilder, anarchischer Zeit", der in seiner ritterlichen Unabhängigkeit mit dem „notwendigen Gang des Ganzen zusammenstößt"[66].
Wie die lose Folge der Szenen die klassizistische Einheit der Handlung einschränkte, so traten an die Stelle der Einheit des Ortes zahllose (etwa 50) verschiedene Schauplätze. Sie bildeten insofern eine andere und neue Einheit, indem die Orte die unterschiedlichen gesellschaftlichen Klassen und Schichten vom Kaiserhof bis zu den Bauern widerspiegelten. Die Bauern traten erstmals in einem deutschen Drama als selbständig handelnde Revolutionäre auf.
Neben der ausgesprochen modernen Auflösung und neuen Anwendung der Dreieinheit bestimmen auch bewährte und traditionelle Mittel das Stück, die nicht übersehen werden dürfen. Dazu gehört zum Beispiel die „Mauerschau" (Teichoskopie). Sie wurde in der Antike eingesetzt, nicht nur in der Dramatik, sondern auch in Homers „Ilias", findet sich bei Shakespeare und wird bis in die Gegenwart verwendet. Man wandte sie dann an, wenn bestimmte Vorgänge nicht oder nur sehr schwer auf der Bühne darstellbar waren. Im 3. Akt des *Götz von Berlichingen* beschreibt eine Szene „Eine Höhe mit einem Wartturm" (S. 70). Götz befindet sich im Kampf gegen kaiserliche Exekutionstruppen. Ein Knecht beschreibt dem

66 Goethe: *Dichtung und Wahrheit*, BA 13, S. 446

verletzten Selbitz den Kampf und Götzens Taten: „Die Fahne mittendrin, Götz hintendrein. Sie zerstreuen sich. Götz erreicht den Fähndrich - Er hat die Fahn - Er hält. Eine Hand voll Menschen um ihn herum." (S. 71) Das szenische Geschehen setzt sich fort, als Götz auf der Bühne erscheint.
Goethe war stolz darauf, im *Götz* sich mit den „obern Ständen" gut gestellt zu haben.[67] Das betraf vor allem die Machtstruktur, die von der Unverletzbarkeit des Kaisers ausging und alle anderen Kräfte wie in einem Ständebaum gruppierte. Einerseits war die gewählte historische Situation eine der gesetzlosen Zeiten in Deutschland. Dadurch bekam Götz von Berlichingen auch Recht und Möglichkeiten, auf eigene Faust dem Recht zum Sieg zu verhelfen und die überlieferte Machtstruktur, Goethe nannte sie „altdeutsche Verhältnisse", wieder zu festigen. Andererseits blieb durch Götzens Streben kein Zweifel daran, dass die vorhandenen Machtverhältnisse reproduziert und gefestigt, nicht verändert werden sollten. Relativiert wurde diese Idee dann allerdings durch *Egmont*, denn während dieser ganz auf die vorhandene Machtstruktur setzte, in die er eingegliedert war, vernichtete ihn die neu entstehende und herrschende Macht.
Goethes Kritik am Feudalismus in dem Stück geschieht beiläufig: Er hatte nicht die Absicht, die feudalen Strukturen zu kritisieren. Vielmehr nahm er sie für seinen Götz als lebbare Möglichkeit in Anspruch: Götz ist sein Held. Sein Stück ist also kein Werk „der bürgerlichen Empörung. Goethes schneidende Kritik am Feudalwesen ist - merkwürdigerweise - in seiner Jugend, also im Sturm und Drang, trotz ‚Götz' und ‚Prometheus' und ‚Urfaust', weit weniger stark akzentuiert als später im ‚Tasso'..."[68].

67 Goethe: *Dichtung und Wahrheit*, BA 13, S. 763
68 Hans Mayer: *Das unglückliche Bewusstsein. Zur deutschen Literaturgeschichte von Lessing bis Heine.* Frankfurt a.M.: Suhrkamp Verlag, 1986, S. 138

3. Themen und Aufgaben

Die im *Götz* behandelten Probleme betreffen das Geschichtsverständnis, den Typ des Selbsthelfers, das Verhältnis von Geschichte und Kunst und den Freiheitsanspruch des Individuums. Außerdem sind in diesem Werk Form und Gestaltung von großem Interesse.

1) Thema: Geschichtsverständnis

- Beantworten Sie die Frage, warum Goethes Schauspiel so große Bedeutung für die Zeitgenossen bekam und wie Goethe selbst den Erfolg erklärte. Lösungshilfe s. S. 104 ff.
- Erarbeiten Sie die Beziehungen zwischen den Figuren des Stückes und ihren historischen Vorbildern. In welcher Absicht hat Goethe Veränderungen vorgenommen? Lösungshilfe s. S. 53 ff.
- Beschreiben Sie die Beziehung Götz' zu Kaiser, Bischof und Bauern und erklären Sie die Bedeutung des Banns. Warum bricht er ihn? Textgrundlage Szenen I, 1, III, 1, V, 1–2

2) Thema: Selbsthelfer

- Erklären Sie, was die Dichter des Sturm und Drang unter einem Selbsthelfer verstanden. Unterscheiden Sie Götz und Weislingen, Lerse und Franz. Lösungshilfe s. S. 25 ff. u. 53 ff.

- Beschreiben Sie Götz von Berlichingen als Selbsthelfer und erklären Sie die dadurch bestimmten differenzierten Beziehungen zu den ihn umgebenden Menschen.

  Textgrundlage: Szene I,1–3

- Bestimmen Sie mit Hilfe des Personenverzeichnisses und des Ständebaums die soziale Herkunft der Personen und Gruppen und ordnen Sie diese den Konflikten des Schauspiels zu.

  Lösungshilfe s. S. 52 ff.

- Bestimmen Sie die historische Berechtigung der Prinzipien des Götz und der des Weislingen und beurteilen Sie den Wert dieser Prinzipien für die geschichtliche Entwicklung. Versuchen Sie eine ähnliche Unterscheidung zwischen Elisabeth und Adelheid.

  Textgrundlage: Szene I,3; III,1 und 4; IV,2

3) Thema: Verhältnis von Geschichte und Kunst

- Analysieren Sie die Rolle des Bauernkrieges im Stück und vergleichen Sie dazu die erste mit der zweiten Fassung (Die Rolle der Helfenstein-Szene).

  Lösungshilfe: s. S. 85 f.
  Textgrundlage: Szenen V,1–5

- Bestimmen Sie die Unterschiede zwischen dem tatsächlichen Geschichtsverlauf und der Handlung des Stückes (Tod Maximilians 1519, Bauernkrieg 1525, Tod Sickingens 1523, Tod Götz' 1562) und versuchen Sie zu erklären, was Goethe mit dem freizügigen Umgang der Chronologie anstrebte.

  Lösungshilfe: s. S. 84

▶ Welche zeitgenössischen Bestrebungen wurden von Goethe dem historischen Stoff aufgelegt? Beziehen Sie die aktuelle Situation und Goethes Aufsatz *Von deutscher Baukunst* ein.	Textgrundlage: *Von deutscher Baukunst* Lösungshilfe: s. S. 28 f.
4) Thema: Freiheitsanspruch des Individuums	
▶ Analysieren Sie die Verwendung des Begriffes **Freiheit** im Stück und verfolgen Sie seine Entwicklung. Unterscheiden Sie die Freiheits-Auffassungen der einzelnen Personen. Einerseits Götz', Georgs, Bruder Martins und Lerses, andererseits Weislingens, Liebetrauts, des Bischofs und Adelheids.	Lösungshilfe: s. S. 35, 37
5) das erste nationale Geschichtsdrama	Textgrundlage:
▶ Erklären Sie die besondere Bedeutung des Schauspiels als Geschichtsdrama und beziehen Sie dazu Goethes Beschreibung aus *Dichtung und Wahrheit* ein.	*Dichtung und Wahrheit* (3. Teil, 13. Buch; 4. Teil, 17. Buch) Lösungshilfe: s. S. 5 ff., 65 f.
▶ Analysieren Sie die Bedeutung des Adels, der Bürger und der Bauern in Goethes Schauspiel. Beurteilen Sie, aus welcher Haltung heraus Goethe das Stück schrieb.	Textgrundlage: Szenen I,3; III,1; IV,2; V,1–2

6) Die offene Form und Shakespeare

- Beschreiben Sie, was an Goethes Schauspiel neu für die Zeit war und erklären Sie den Unterschied zwischen der Dreieinheit und einer offenen Form an Goethes Schauspiel.
  Textgrundlage: gesamtes Schauspiel
- Erklären Sie die Bedeutung Shakespeares für den Sturm und Drang. Gehen Sie auf direkte Entsprechungen zwischen Goethe und Shakespeare ein.
  Textgrundlage: Rede *zum Shakespearetag*
  Lösungshilfe: s. S. 20, 87
- Beschreiben Sie die Entstehungsgeschichte des Schauspiels und stellen Sie dar, wie es sich von Stücken Lessings unterscheidet.
  Lösungshilfe: s. S. 82 ff., 87 ff., 99 f.

Die Lösungshilfen beziehen sich auf Seiten der vorliegenden Erläuterung.

4. Rezeptionsgeschichte

Herder hatte in seiner ersten Kritik Goethe unter anderem vorgeworfen, dass alles nur „gedacht" sei, ähnlich war es auch in Herders Brief an Karoline Flachsland zu lesen („obgleich hin und wieder es auch nur gedacht ist"), und Goethe gestand ein: „Es ist alles nur gedacht. Das ärgert mich genug. *Emilia Galotti* ist auch nur gedacht, und nicht einmal Zufall oder Caprice (etwa: Eigensinniges, Besonderes, R. B.) spinnen irgend drein"[69]. Bemerkenswert ist, dass Goethe sich bereits auf das erst im März des gleichen Jahres aufgeführte und im gleichen Jahr[70] veröffentlichte Stück Lessings bezieht und es zum Vergleich heranzieht. Es wirkte mit seiner strengen Ordnung bei der Überarbeitung des *Götz von Berlichingen* durchaus als Gegenbeispiel zu Shakespeares Vorbild.
Goethe hatte sich vor allem an Götzens Autobiografie orientiert und nicht Phantastisches sowie Zufälliges dazu erfunden. Selbst die Verschiebungen der geschichtlichen Daten waren „gedacht", um einen großen Geschichtsausschnitt in eine überschaubare Handlung zu bringen. Während Shakespeares Stücke grundsätzlich auf die Aufführung zielten und ihre scheinbar offene Form sich aus den szenischen Bedingungen ergaben, hatte Goethe keinen Gedanken auf eine Aufführbarkeit verschwendet. Seine offene Form war aus dem Widerspruch zur herrschenden klassizistischen Dramatik entstanden. Ohne das Stück zu würdigen hätte Herder es mit „spöttelnden Anmerkungen zurück" geschickt, wie Eckermann 1824 rügte, wie es aber nicht den Tatsachen ent-

69 Hartung, S. 86
70 Vgl. Trauerspiele von Gotthold Ephraim Lessing. Berlin, bei Christian Friedrich Voß. 1772 (darin befindet sich neben anderen Texten der Erstdruck der *Emilia Galotti*).

sprach.[71] Goethe bestätigte ihn, wohl nicht gerechtfertigt: „In dieser Hinsicht war es arg mit Herder".
Erst 1773, nach den Überarbeitungen, kam der Durchbruch. Zur Veröffentlichung hatte **Johann Heinrich Merck** (1741–1791) geraten. Goethe erinnerte sich, dass der gesagt habe: „‚Lass das Zeug drucken!' ... ‚es taugt zwar nichts, aber lass es nur drucken!'"[72] **Erste Rezensionen** wie die von Christian Heinrich Schmid waren wohlwollend, wenn auch weitläufig und tadelten[73]:

> *„... ein Stück, worin alle drei Einheiten auf das grausamste gemisshandelt werden, das weder Lust- noch Trauerspiel ist und doch das schönste, interessanteste Monstrum, gegen welches wir hundert von unsern komisch-weinerlichen Schauspielen austauschen möchten ... Erstlich verdient der Verf. für die Wahl seines Sujets den lebhaftesten Dank aller teutschen Patrioten, die es lange gewünscht haben, nicht, dass man griechische Schauspiele nachahmen, sondern dass man wie die Griechen Gegenstände wählen und sie alsdann nach Art der Griechen bearbeiten möchte."*[74]

Goethe war froh, als **Wieland**, der schon der Rezension von Schmid in einer Fußnote widersprochen hatte, sich mehrfach in diese Diskussion einschaltete und dem Rezensenten des „Teutschen Merkur", dem Gießener Professor und Regierungsrat Christian Heinrich Schmid, in der gleichen Zeitschrift 1774 widersprach:

> *„Wer hat es gelesen, ohne zu fühlen (wenn er auch nicht sagen konnte, wie und warum), dass ihn nicht leicht eine andere Lektüre (immer nehme ich Emilia Galotti aus) mit solcher Ge-*

71 Eckermann, S. 146
72 ebd.
73 Vgl. Chr. H. Schmid. In: Teutscher Merkur, 1. Jahrgang 1773, 3. Band, S. 267–287
74 Blumenthal, S. 11 f.

walt ergriffen, so stark interessiert, so mächtig erschüttert, so durchaus vom ersten Zug bis zum letzten in die Begeisterung des Dichters hineingezogen und ans ununterbrochene Anschaun der lebendigen Gemälde … angeheftet habe? – Welche Wunder sollte der Genie, der dies getan hat, nicht auf unserer Schaubühne wirken können, wenn es ihm einfiele, Schauspiele zu schreiben, die man aufführen könnte?"[75]

Zehn Jahre später nahm er nochmals sehr entschieden das Wort für den *Götz*, wiederum auf eine Rezension reagierend. Goethes Absicht sei gewesen, „seine Kräfte an einem großen dramatischen Zeit- und Sitten-Gemälde zu versuchen: wozu er den Stoff aus der Geschichte unsers eignen Vaterlandes nahm … Teutsche Geschichte, teutsche Helden, eine teutsche Scene, teutsche Charakter, Sitten und Gebräuche waren etwas ganz Neues auf teutschen Schaubühnen."[76]. Lessing hielt Schmids Rezension schlicht für „Wischiwaschi"[77], obwohl er keineswegs Goethes Stück lobte.

Einen entschiedenen Fürsprecher fand das Stück in Goethes Straßburger Freund **Jakob Michael Reinhold Lenz**, dessen 1775 geplante Aufführung des Stückes mit einem Kreis von Freunden und Bekannten nicht zustande kam. Die Gründe waren in der Neuartigkeit des Stückes zu suchen, das dem „vagen Geschnarch von Belliteratur" und der „leisen Schneckenmoralphilosophie, die ihren großmütterlichen Gang" fortkroch, widersprach, wie Lenz an Goethe schrieb: „Da konnte ‚Götz' nicht *durch* dringen, der *beiden gleich* abspricht."[78] Zu

75 Wieland: *Miscellanien*. In: Teutscher Merkur 1774, Heft II, S. 217 ff.

76 Wieland: *Dritter Brief an einen jungen Dichter*. In: Teutscher Merkur 1784, S. 228–253. Auch in: Christoph Martin Wieland: *Ausgewählte Prosa aus dem Teutschen Merkur*. Hg. von Hans Werner Seiffert, Marbach: Schiller-Nationalmuseum 1963, S. 76 ff.

77 Gotthold Ephraim Lessing: *Gesammelte Werke*. 9. Band. Briefe. Hg. von Paul Rilla. Berlin: Aufbau-Verlag 1957, S. 615 (Brief vom 26. Oktober 1774 an Johann Joachim Eschenburg)

78 Brief Lenz' vom Februar 1775 an Goethe. In: Jakob Michael Reinhold Lenz: Werke und Briefe in drei Bänden. Hg. von Sigrid Damm. Leipzig: Insel-Verlag 1987, Band 3, S. 306

dieser Zeit entstand auch der Aufsatz Lenz' *Über Götz von Berlichingen*, der ursprünglich wohl die Rede war, mit der Lenz die Mitglieder der Straßburger „Sozietät", der salzmannschen Gesellschaft, zu überzeugen versuchte, gemeinsam das Stück aufzuführen. Er wollte für die Ausführung des Projektes sorgen, gab genaue Hinweise zur Einrichtung, die ohne Kulissen und Dekorationen erfolgen sollte, und sah die Rollenverteilung „nach Ihrem Lieblingscharakter" vor. Ziel der Inszenierung sei es, und damit schloss sich der Kreis der Überlegungen Lenz', aus dem „Götterspiel" „Kraft, Geist und Leben" zu gewinnen, um mit Nachdruck zu handeln".[79]

In dem Vortrag und Aufsatz bestimmte Lenz sein Lebensprogramm als eines des Handelns, nicht des Genießens. Handeln sei die Seele der Welt. Auf diese Polarität bezog er Goethes *Götz*. Nirgends ist deutlicher die zeitgenössische Bedeutung des Stücks empfunden worden als in Lenz' Aufsatz. Das Theater wimmele zwar von Meisterstücken, „die es freilich nur in den Köpfen der Meister selber sind"[80]. Diese Produkte „all der tausend französischen Genies" verschafften „ein wonnevolles süßes Gefühl", aber keinen „lebendigen Eindruck", der zu Handlungen führe. „Der promethische Funken, der sich so unvermerkt in unsere innerste Seele hineingestohlen, dass er ... unser ganzes Leben beseligt", finde sich nach Lenz in Goethes „Götz": „... lasst uns den Charakter dieses antiken deutschen (altdeutschen, R. B.) Mannes erst mit erhitzter Seele erwägen und wenn wir ihn gutfinden, uns eigen machen, damit wir wieder Deutsche werden, von denen wir so weit ausgeartet sind"[81].

Das Stück wirkte umfangreicher als Klopstocks *Messias*, der bis dahin Maßstab der Wirkung gewesen war. Goethe wurde

---

79 Lenz, S. 641
80 ebd., S. 638
81 ebd., S. 640

über Nacht der bekannteste Autor Deutschlands; man bemühte sich um seine Nähe, ob es die Grafen Stollberg oder der Hainbund waren.

Heinrich Gottfried von Bretschneider (geb. 6. März 1739 in Gera – gest. 1. 11. 1810 Schloss Krzimicz bei Pilsen) war trotz seiner Tätigkeit als Major im Nassau-usingenschen Dienst ein literarisch versierter Mann. Er hatte 1776 anonym die *Entsetzliche Mordgeschichte von dem jungen Werther* veröffentlicht, schrieb Librettos für komische Opern und *Denkwürdigkeiten* (1793–1810). Am 18. August 1773 schrieb er an Friedrich Nicolai: „Zu Frankfurt ist herausgekommen Götz von Berlichingen mit der eisernen Hand, ein Schauspiel. Der Verfasser D.Goethe, ein junger Rechtsgelehrter in Frankfurt, ist ein unglückseliger Nachahmer von Shakespeare, das Schauspiel begreift einen Zeitraum von nicht mehr als 6–7 Jahren und der Schauplatz einen Umfang von 20 Meilen in sich. Bald reden die Personen so erhaben modern, als wenn sie den Klopstock gelesen hätten, bald künsteln sie mit sehr schlechtem Glück die Sprache des 16. Jahrhunderts nach, bald reden sie wie zärtliche Petit maitres bald wie der niedrigste Pöbel; das lächerlichste aber ist, dass sie zu Berlichings Zeiten Ao. 1530–50 von Peruquen, und Büchern in usum delphini schwatzen."[82]

Am gleichen Tage befasste sich auch **Johann Jakob Bodmer** mit Goethes Stück: „Ein Unbekannter hat Götzen von Berlichingen geschrieben ... Hier und da etwas von Shakespeares Geist, doch nicht weit her und in Sprüngen."[83] Demgegenüber gab es auch begeisterte Zustimmung wie in der *Gelehrten Zeitung für das Frauenzimmer*: „Zuförderst meinen herzlichen, hei-

82 Lutz Mackensen: *Ein frühes Urteil über Goethes Götz.* In: Goethe. Neue Folge des Jahrbuchs der Goethe-Gesellschaft. Im Auftrage des Vorstands hg. von Andreas B. Wachsmuth. Weimar 1961, 23. Band, Hermann Böhlaus Nachf., S. 330 f.

83 ebd., S. 332. Vgl: Blumenthal, S. 7 f.

ßen Dank, Dir, Edler Deutscher, der du uns andern, auch nicht unedlen Deutschen aus der Schatzkammer Deines Genies dies vaterländische Schauspiel mitgeteilt hast! Nenne, o nenne uns deinen Namen, dass wir ihn in dem Tempel unsrer Dichter, in unvergängliches Erz eingegraben, zuoberst aufhängen, an Lessings Seite: denn du, Edler, hast wie Er, vaterländisch gedichtet."[84]

Die Zustimmung zu dem Stück war groß und engagiert. Dabei wurden in der Regel kaum künstlerische Details gewürdigt, sondern die grundsätzliche Anlage des Stückes. Man erkannte darin eine Aufwertung der nationalen Vergangenheit, mit der man sich bisher wegen ihres fragmentarischen und dezentralisierten Charakters schwer getan hatte. Nicht zufällig hatte Gottsched den Ausweg bei den Franzosen gesucht, um dem deutschen Denken ein national geprägtes Geschichts- und Kunstverständnis vorzuführen. Lessing hatte schließlich den Anspruch der Deutschen auf eigenständige und maßgebliche Traditionen angemeldet. Goethe setzte als erster deutscher Dichter diesen Anspruch um, gab damit den Deutschen ein neues Selbstverständnis, vielleicht erstmals ein richtiges, und orientierte dieses Selbstverständnis auf vorwiegend nationale Bestandteile. Was mit dem *Götz* auf dem Gebiet des Dramas gelang, leistete Goethe gleichzeitig mit seinem Aufsatz *Von Deutscher Baukunst* (1772) für die Architektur. Das Straßburger Münster war für Goethe das Erlebnis eines authentischen deutschen Bauwerkes geworden, das der junge Dichter jubelnd beschrieb. Damit durchbrach er ebenfalls festgeschriebene Meinungen: Die Gotik galt als barbarisch, als Deformation der Kunst. Kunst bestand in der „Harmonie der Massen, der Reinheit der Formen" und hatte nichts zu tun mit den „verworrenen Willkürlichkeiten gotischer Verzierungen"[85].

84 Im 30. Stück, 1773, vom 24. Juli 1773. Vgl. Nollau, S. 94
85 Goethe: *Von Deutscher Baukunst.* In: Herder-Goethe-Möser, S. 96

Das war Goethes Meinung vor der Betrachtung des Münsters, danach war es die Verwirklichung aller „Freuden des Himmels" und ließ die natürliche Schöpferkraft des Menschen in jedem der Details erkennen. Damit hatte Goethe entgegen vorhandener Kunsturteile die Gotik als deutsche Kunst beschrieben und als bestimmendes Merkmal nicht die formale Vollkommenheit, sondern das „charakteristische Ganze" benannt. – National – deutsch – gotisch und charakteristisch bildeten von nun an für die Stürmer und Dränger eine synonymische Reihe.

Im Sommer 1773 bekam Goethe viel Lob für sein Stück, **Gottfried August Bürgers** enthusiastische Begeisterung ist bekannt: „Ich weiß mich vor Enthusiasmus kaum zu lassen. Womit soll ich dem Verfasser mein Entzücken entdecken? Den kann man doch den deutschen Shakespeare nennen, wenn man einen so nennen will ... Welch ein durchaus deutscher Stoff! Welch kühne Verarbeitung!"[86]. Auch Lavater, Klopstock und Gerstenberg äußern sich anerkennend. Bürgers Brief an Heinrich Christian Boie drückte das Gefühl der Stürmer und Dränger für das Stück aus. Als es am 14. April 1774 auch noch uraufgeführt wurde – der Text galt als unspielbar – hatte der Sturm und Drang gesiegt.

Ein besonders interessantes Zeugnis auf die überarbeitete Fassung gab **Friedrich Wilhelm Gotter**. Goethe sandte im Juni 1773 mit einem Briefgedicht die publizierte Fassung an ihn. Aus Goethes Gedicht werden Zweifel deutlich: Die Arbeit am Götz hat ihm Freude gemacht, nun da er fertig ist, er „find nicht halb die Freud so mehr, / Da nun gedruckt ist ein großes Heer".[87] Möglicherweise hatte Gotter die Absicht, das Stück aufzuführen. Goethe gibt in seinem Briefgedicht dazu Ratschläge. Er empfiehlt vor allem, „Musst alle garst'gen Worte

86 Blumenthal, S.36
87 Goethe: *An Friedrich Wilhelm Gotter*. In: BA, Band 2, S. 194 f.

lindern, / Aus Scheißkerl Schurken, aus Arsch mach Hintern". Gotter antwortete mit einem Briefgedicht. Er bekam das Stück auf dem Krankenbett und ließ es sich von einem „Mägdlein" vorlesen, das auch beeindruckende Einschätzungen der Hauptgestalten von sich gab: Adelheid konnte sie nicht ausstehn, Georg hätte sie gern am Leben gesehn, „Auch Weislingen ein besser End / Aus Christenliebe hätt gegönnt, / Den Götzen nicht genug verstand, / Ihn etwas Don-Quichottisch fand"[88]. Schwierigkeiten sah Gotter voraus mit der Einrichtung der vielen Szenen, vor allem aber mit dem Götz, der „dem Feind zur Schur und Graus / Streck seinen Arsch zum Fenster naus".[89] Das alles wirkt unterhaltsam, für eine prüde Öffentlichkeit provozierend und keineswegs sehr ärgerlich. Die eigentliche Bedeutung bekommt dieses Briefgedicht Gotters durch den Hinweis, dass er Goethe eine Arbeit von sich empfiehlt, dafür aber erbittet: „Schick mir dafür den Doktor Faust, / Sobald Dein Kopf ihn ausgebraust!"[90]

Es ist der erste Hinweis, dass Goethe am *Faust* arbeitete und nach der Auffassung der Freunde damit schon sehr weit gekommen sein musste. Gotter gehörte zu jenen Freunden Goethes, die nach Goethes Eintritt in den Weimarer Hof kaum mehr beachtet wurden. Ein trauriges Zeugnis ist ein Brief Gotters an den ähnlich, allerdings noch stärker verstoßenen Lenz vom 2. Januar 1776: Gotter teilte Lenz mit, Goethe sei kurz in Gotha gewesen, wo Gotter Beamter war. Goethe habe die Zeit im Gefolge des Herzogs und bei Hofe zugebracht, „Ich hab ihn in allem kaum eine Viertelstunde gesprochen. Er weiß noch nicht, wie lang er in Weimar bleiben wird, wo er den Günstling in bester Form und Ordnung spielt"[91].

88 ebd., S. 694
89 ebd., S. 695
90 ebd.
91 Gotter an Lenz (2. Januar 1776). In: Bode, Band 1, S. 155

Goethes *Götz* wurde auch hart getadelt: **Friedrich II. von Preußen** ging ungnädig mit dem Stück um. In seiner Schrift „De la litérature allemande ..."[92] (1780) wurde der *Götz* zu einer Imitation Shakespeares gestempelt, dem nur das gemeine Volk Beifall zolle. Während die Stürmer und Dränger ihr gegenwärtiges Theater vor allem deshalb angriffen, weil es sich fast ausschließlich der französischen Klassizisten bediente, waren dem König, der die französischen „Schöngeister" wie Corneille und Racine favorisierte, die Bestrebungen der Stürmer und Dränger zuwider:

> *„Um sich von dem geringen Geschmack, der heute in Deutschland herrscht, zu überzeugen, brauchen Sie nur die öffentlichen Theatervorstellungen zu besuchen. Dort werden Sie erleben, wie man die in unsere Sprache übersetzten, abscheulichen Stücke von Shakespeare aufführt und wie alle Zuhörer sich vor Behagen austoben, wenn sie diese lächerlichen und den Wilden von Kanada angemessenen Possen hören. ... Man kann Shakespeare diese absonderlichen Verirrungen nachsehen; denn die Geburtsstunde der Künste ist nie zugleich der Zeitpunkt ihrer Reife. Aber da erscheint nun ein Götz von Berlichingen auf der Bühne, eine abscheuliche Nachahmung dieser schlechten englischen Stücke, und die Zuschauer im Parterre klatschen Beifall und verlangen begeistert die Wiederholung dieser widerlichen Plattheiten."*[93]

Es waren einmal die ästhetischen Neuheiten, die Friedrich II. zu diesem Ausbruch veranlassten; für ihn waren die Regeln des Aristoteles, besonders die der Dreieinheit, unumstößlich.

---

92 Der vollständige Titel der Schrift Friedrich II. von Preußen heißt übersetzt: *Über die deutsche Literatur, die Mängel, die man ihr vorwerfen kann, welches ihre Ursachen sind und mit welchen Mitteln man sie beheben kann.* In: Friedrich II. von Preußen: Schriften und Briefe, Leipzig. Reclam 1985

93 ebd., S. 382 f.

Vor allem die Aufgabe der Einheit der Zeit irritierte ihn: Wenn das, was gespielt werde, den Zeitraum mehrerer Jahre umfasse, sei die Wahrscheinlichkeit aufgegeben. Zum anderen und keineswegs weniger wichtig war aber, und darin liegt das sozial völlig Neue des *Götz*, dass die sozialen Unterschiede aufgegeben wurden und alle Personen dramaturgisch gleichberechtigt waren: „Auch erscheinen da Lastträger und Totengräber und führen ihnen angemessene Reden; dann erst kommen Fürsten und Königinnen. Wie kann ein solch ungereimter Mischmasch aus Gemeinem und Erhabenem, aus Possenreißerei und Tragischem rühren und gefallen?"[94] Das bezog sich vor allem auf Shakespeares *Hamlet*, aber die statt der Totengräber in Goethes *Götz* auftretenden rebellischen Bauern, Zigeuner und Knechte mussten dem König noch unheimlicher sein, weil sie keine Randgruppe, sondern sozial wirksame Gruppen waren; im Falle der Bauern begehrten sie sogar gegen die vorhandene Ordnung mit Waffengewalt auf.

Justus Möser, der Einfluss auf die Entstehung des *Götz* hatte, antwortete in einem offenen Brief „an einen Freund" (1781) auf die Verunglimpfung des Stückes durch den König. Zuerst wies er des Königs Meinung zurück, bei den Franzosen und anderen in die Lehre zu gehen. Schon dabei wählte er als Beispiel den *Götz*:

„Ob wir nicht besser tun, unsre Götze von Berlichingen (...) zu der ihrer Natur eignen Vollkommenheit aufzuziehen, als ganz zu verwerfen, oder sie mit allen Schönheiten einer fremden Nation zu verzieren?"[95] Danach setzte er sich entschieden für Goethes Schauspiel ein:

---

94 ebd.

95 Justus Möser: *Über die deutsche Sprache und Literatur*. In: Sämtliche Werke. Neu geordnet und aus dem Nachlasse desselben gemehrt duch B. R. Abeken. Berlin: Verlag der Nicolaischen Buchhandlung 1843, 9. Teil, S. 138

„Das von dem Könige so sehr heruntergesetzte Stück Götz von Berlichingen ist immer ein edles und schönes Produkt unsers Bodens; es hat recht vielen geschmeckt, und ich sehe nicht ab, warum wir dergleichen nicht ferner ziehen sollen; die höchste Vollkommenheit wird vielleicht durch längere Kultur kommen. Alles, was der König daran auszusetzen hat, besteht darin, dass es eine Frucht sei, die ihm den Gaumen zusammengezogen habe, und welche er auf seiner Tafel nicht verlange. Aber das entscheidet ihren Wert noch nicht. Der Zungen, welche an Ananas gewöhnt sind, wird hoffentlich in unserm Vaterland eine geringe Zahl sein; und wenn von einem Volksstücke die Rede ist, so muss man den Geschmack der Hofleute bei Seite setzen."[96]

Möser betrachtete Goethes Schauspiel als ein Volksstück, das es in Deutschland bisher nicht gegeben habe, und ordnete ihm ein Publikum zu, das sich aus dem gemeinen Volk bildete, nicht aus dem Adel. Goethes *Götz* hatte sowohl ästhetisch als auch sozial seine Zuordnung gefunden. Möser ging noch einen Schritt weiter. Er gab dem *Götz* auch seine politische Bedeutung. Er sei „eine Sammlung von Gemälden aus dem National-Leben unsrer Vorfahren", die Szenen wären „wahre einheimische Volksstücke" und ihr Inhalt „ritterliche, ländliche und bürgerliche Handlungen einer Zeit, worin die Nation noch Original war"[97].

Dieser Sieg des Sturm und Drang forderte die Kritik **Gotthold Ephraim Lessings** heraus. Als er erfuhr, das Stück habe in Berlin Beifall gefunden, war er aufgebracht: „Dass *Götz von Berlichingen* großen Beifall in Berlin gefunden, ist, fürchte ich, weder zur Ehre des Verfassers, noch zur Ehre Berlins."[98] Er

96 ebd., S. 141
97 ebd., S. 143 f.
98 Gotthold Ephraim Lessing: *Gesammelte Werke*. 9. Band. Briefe. Hg. von Paul Rilla. Berlin: Aufbau-Verlag 1957, S. 606 (Brief vom 30. April 1774 an Karl Lessing)

schob den Erfolg auf die Ausstattung, „denn eine Stadt, die kahlen Tönen nachläuft, kann auch hübschen Kleidern nachlaufen." Lessing stand den „Genies" des Sturm und Drang skeptisch gegenüber, denn diese Genies waren ihm, seinem Verständnis von Literatur und geordneten Theaterverhältnissen unangenehm. Die Verkörperung dieser Genies sah er in Goethe: „Der Kerl ist ein Genie, aber ein Genie ist ein schlechter Nachbar" meinte er unter Verwendung eines Nicolai-Zitates über Goethe.[99]
Goethe beschäftigte sich immer wieder mit seinem Stück; vor allem versuchte er nach der Jahrhundertwende, es durch **Bearbeitungen** aufführbar zu machen. Für einen Besuch der Zarin Maria Feodorowna, der Mutter der Erbprinzessin von Sachsen-Weimar und Eisenach Maria Palowna, übernahm Goethe 1818 den Auftrag, in einem großen Maskenzug vor allem poetische Erzeugnisse des Landes vorzustellen. In der Reihe der Gestalten Goethes tritt auch Götz von Berlichingen auf: „Ein deutsches Ritterherz empfand mit Pein / In diesem Wust den Trieb, gerecht zu sein. / Bei manchen Zügen, die er unternahm, / Er half und schadete, so wie es kam, / Bald gab er selbst, bald brach er das Geleit, / Tat recht und unrecht in Verworrenheit, / So dass zuletzt die Woge, die ihn trug, / Auf seinem Haupt verschlingend überschlug; / Er, würdig-kräft'ger Mann, als Macht gering, / Im Zeitensturm unwillig unterging." Ihm, der eigentlich ein Machtloser war, wie Goethe erklärt, „steht entgegen, selbstgewiss, in Pracht, / Des Pfaffenhofes listgesinnte Macht, / Gewandter Männer weltlicher Gewinn / Und leidenschaftlich wirkend Frauensinn."[100] Goethe hat in diesen Versen die dramaturgische Gegensätzlichkeit der beiden Handlungen um Götz und Weislingen präzise beschrieben: auf der einen Seite der deutsche Ritter, der mit seinem

99 ebd., S. 630 (Brief an Christoph Martin Wieland)
100 Goethe: *Maskenzug*. In: BA, Band 4, Berlin und Weimar 1968, S. 625 f.

Rechtssinn von den Verhältnissen getrieben wurde, auf der anderen die neue Macht der Territorialfürsten, die mit List und Ränken gegeneinander, vor allem aber gegen die letzten Ritter kämpfen. Diese Gruppe im Maskenzug beschreibt Goethe in der Einführung so:

> *„**Götz von Berlichingen** tritt auf, von den Seinigen begleitet, mit Gegnern ausgesöhnt. Wir sehen **Gattin, Sohn** und **Schwester**, voran den treuen **Georg. Weislingen, Adelheid** und **Franz** dürfen nicht fehlen. **Landvolk** zeigt sich, den einfachen Lebensgenuss zur verworrensten Zeit, **Zigeuner** dagegen, den gesetzlichen Zustand aufgelöst anzudeuten."*[101]

Franz Mehring, der sozialdemokratische Literaturkritiker der Jahrhundertwende, nutzte Lessings Kritik zu einer schroffen Kritik an Goethes *Götz*:

> *„... Goethe verherrlichte im Götz einen gemeinen Strauchdieb, dessen Name zumeist durch einen bübischen, an den Bauern im Bauernkrieg begangenen Verrat in die Jahrbücher der Geschichte gelangt ist, als ‚einen der edelsten Deutschen'; er wollte das ‚Andenken eines braven Mannes retten' und verhöhnte um dieses spitzbübischen Ritters willen die Städte und die Bauern; sollte Lessing, der mit gutem Fug verlangt hatte, dass dem Dramatiker die historischen Charaktere heilig sein sollten, und der selbst stets für die Interessen der bürgerlichen Klassen eingetreten war, darüber etwa jubeln?"*[102]

Hinzu kam, dass Lessing Goethes Angriff auf Wieland als einen „hämischen Angriff" wertete und den *Werther* als ein „Produkt" sah, das Unheil stiften könne, wenn man die poetische Schönheit mit der moralischen verwechsle. Einfach gesagt: Er hatte Sorge, Werthers Selbstmord könne Nachfolger finden.

---

101 ebd., S. 605
102 Mehring, Band 9, S. 322

Unter den Wirkungen ist eine besonderer Art: Das Stück löste eine Welle von ähnlich thematisierten Stücken aus. Dramatisierungen aus der deutschen Geschichte, in denen edle Ritter spielten, waren an der Tagesordnung. Es folgten zahlreiche **Ritterstücke,** auch aus Goethes Freundeskreis: Maximilian Klingers *Otto* (1775), auch Bürgers Ballade *Lenore* (1773) sind hier einzuordnen. Am vorläufigen Ende der langen Reihe stehen als Selbsthelfer Schillers *Wilhelm Tell* und Kleists *Michael Kohlhaas* sowie bei den Ritterstücken Kleists *Käthchen von Heilbronn* (1810). Geradezu inflationär entstanden Ritterstücke und Ritterromane. Die neue Komposition, die nicht mehr die aristotelische Dreieinheit bemühte, schien besonders geeignet zu sein für die Unbändigkeit der deutschen Ritterzeit,

> *„und so stürmten nun wahre Horden von harnischrasselnden, ehrenfesten und brutalen Gestalten über die Bühne hin. ‚Agnes Bernauerin' und ‚Kaspar der Thoringer' vom Grafen von Törring, ‚Sturm von Boxberg' und ‚Fust von Stromberg' vom Mannheimer Maier, ‚Otto von Wittelsbach' von Babo, ‚Otto der Schütz', ‚Ludwig der Springer', ‚Clara von Hoheneichen' von Spieß und eine Unzahl der weniger populär gewordenen Stücke gaben der Natürlichkeitsrichtung in der Schauspielkunst begreiflicherweise einen noch derberen Nachdruck. Hier galt es Darstellung unbändiger Kraft, unverschleierter Leidenschaft; was Wunder! dass der größte Teil der Schauspieler die brutalste Roheit dafür ausgab?"*[103]

Das **19. Jahrhundert** tat sich schwer mit Goethes *Götz* und konnte sich dabei durchaus auf Goethe selbst berufen. Am liebsten sahen die Zeitgenossen das Stück als „Produkt eines freien und ungezogenen Knaben", in dem unbestimmter „Frei-

103 Devrient, Band 1, S. 508. – Außer Devrient hat Otto Brahm in seiner Arbeit *Das deutsche Ritterdrama des achtzehnten Jahrhunderts*. Straßburg 1880, (Kapitel IX), S. 72, 38 Stücke verzeichnet. Vgl. Neuhaus, S. 159 f.

heitsdrang" gespukt habe, wie es **Karl Grün** schrieb und dafür von Friedrich Engels harsche und sarkastische Kritik bekam.[104] Erst die jungen **Naturalisten**, die sonst der deutschen Klassik reserviert gegenüberstanden, weil sie das Vorbild für die von ihnen bekämpften Klassizisten des Schlages Geibel und Heyse war, erkannten bei strikter Ablehnung der anderen Werke Goethes den *Götz* an.
Eine große Rolle spielen das Stück und seine Titelfigur in einer berühmten ästhetischen Diskussion des 19. Jahrhunderts, der ***Sickingen-Debatte***. Ferdinand Lassalle hatte ein Drama *Franz von Sickingen* (1858)[105] geschrieben. Karl Marx und Friedrich Engels analysierten dieses Stück und kamen dabei wieder auf Goethes *Götz* zu sprechen. Marx sah Sickingen als tragische Figur,

> *„weil er als Ritter und als Repräsentant einer untergehenden Klasse gegen das Bestehende sich auflehnte oder vielmehr gegen die neue Form des Bestehenden. Streift man von Sickingen ab, was dem Individuum und seiner besondern Bildung, Naturanlage usw. angehört, so bleibt übrig – Götz von Berlichingen. In diesem letztern miserablen Kerl ist der tragische Gegensatz des Rittertums gegen Kaiser und Fürsten in seiner adäquaten Form vorhanden, und darum hat Goethe mit Recht ihn zum Helden gemacht."*[106]

Die Beschäftigung mit Goethes *Götz* durchzieht die umfangreiche brieflich geführte Diskussion. Er war diesem tragischen Konflikt ausgesetzt, ohne zusätzlich den eines Sickingen und Hutten zu tragen, die sich als Revolutionäre sahen und sogar

104 Karl Grün: *Über Goethe vom menschlichen Standpunkte*. Darmstadt 1846, S. 43 Vgl. Friedrich Engels: *Deutscher Sozialismus in Versen und Prosa.* In: Karl Marx / Friedrich Engels: Über Kunst und Literatur. Berlin: Dietz Verlag, 1967, 1. Band, S. 457

105 Die Aufführung des Stücks war vom Königlichen Hoftheater in Berlin abgelehnt worden, Lassalle veröffentlichte es daraufhin 1859 als Literaturdrama.

106 Marx: *Die Sickingen-Debatte*, S. 180

Träger moderner Ideen waren, „andrerseits in der Tat aber ein reaktionäres Klasseninteresse vertraten“[107]. Man riet Lassalle, sich mehr an Shakespeare zu orientieren und weniger an Schiller. Das bedeutete, mehr auf die Natürlichkeit, weniger auf die Idealität zu setzen. Das „Schillern“ sei „das Verwandeln von Individuen in bloße Sprachröhren des Zeitgeistes“ und Lassalles bedeutendster Fehler.[108] Lassalle stimmte dem Urteil über den historischen Götz von Berlichingen zu, sah ihn als „durchaus rückwärts gewandten Burschen“ und erklärte Goethes Wahl des Stoffes mit „dem Mangel an historischer Anlage in dem Geist Goethes“[109]. Das Stück zu loben lehnt er ab, weil Goethe „ja das positive Interesse“ auf diesen Götz richte, das diesem nicht zukomme.

Goethes Stück wirkte auf andere Bauernkriegs-Dramen späterer Zeit. Hier ist **Gerhart Hauptmanns *Florian Geyer*** zu nennen. Hauptmann orientierte sich frühzeitig, wie sein Tagebuch ausweist, an Goethes Stück. Wenn Hauptmann schreibt „Berlichingens Geschichten: vom Bamberger, vom Lersen etc.“[110], so bezog er sich auf Goethes Stück, nicht auf Götzens Lebensbeschreibung, denn nur im Stück trat Lerse auf. Die „Tragödie des Bauernkrieges“, wie Hauptmann sie nannte, setzte dramaturgisch Goethes Stück fort: Eine vergleichbare Fülle von Gestalten handelte, die sozialen Gruppen wurden ebenfalls von den Herrschern bis zu den Bauern, Hausierern und fahrenden Musikanten vorgeführt. Der fahrende Schüler Martin war eine Mischung aus Goethes Bruder Martin und Georg, urteilt ironisch über die heiligsten Gegenstände und ist ganz protestantisch geprägt – er meldet Protest gegen den Bamberger Bischof an, als wäre er Goethes *Götz* entstiegen –,

107 ebd.
108 ebd., S. 181
109 ebd., S. 199
110 Gerhart Hauptmann: *Tagebuch 1892 bis 1894*. Hg. von Martin Machatzke. Berlin: Propyläen 1985, S. 61

auch wenn er sich sarkastisch auf die Schule des Scholastikers Occam beruft. Die dramatischen Entwicklungen sind schwer zu verfolgen, „weil der ausgebreitete Text mehr beschreibenden als szenischen Charakter hat. Den milieuintensiven Schilderungen wird mehr vertraut als der organisierten Handlung ... Die dramatischen Handlungen vollziehen sich außerhalb der Szene; über sie wird lediglich berichtet."[111] Sprachlich nahm sich Hauptmann einerseits Goethes Stück als Vorbild und verwendete ähnliche Wörter („nit", „itzt" statt „jetzt"), Verkürzungen und Elisionen („Sag" statt „Sage") sowie Zitate aus historischen Dokumenten. Andererseits diente Hauptmann auch die Lebensbeschreibung des Götz von Berlichingen als Material und nahm so Einfluss auf die Gestaltung. Auch inhaltlich schloss sich Hauptmann an Goethe an: In einem Gespräch zwischen Bürgern, einem Ritter und Martin beobachtet man vom Fenster aus Götz von Berlichingen. Auf die Frage, was er denn wohl spreche, erklärt der Schultheiß: „Die Geschichte vom Bamberger Bischof, mit dem er alleweil in Händel gelegen." Martin erzählt daraufhin die Geschichte: „Ich will sie Euch Wort für Wort aufsagen, und wann Ihr ein alt Weib findet im Lande zu Franken, das sie nit herbetet wie das Paternoster, so möget Ihr mich lassen mit einem Kürissbengel totschlagen.– Es ist Sag, sie wollen den Berlinger zu eim Obersten Hauptmann über uns alle setzen." Und der Schreiber des Florian Geyer Löffelholz antwortet: „Der Götz ist nit viel meh dann ein hölzern Schüreisen und als ein Gefangener im eigenen Haufen. Er darf nit seine Notdurft verrichten, es ist einer dabei, der ihm aufpasst. Was soll er ausrichten, wenn man ihn wollte zum Herrn machen über dreißigtausend wütige Leut?!"[112] Götz ist aber nicht nur Be-

111 Rüdiger Bernhardt: *Der ungeehrte Luther. Annäherung an ein Problem im Umkreis von Gerhart Hauptmanns „Florian Geyer"*. In: Wiss. Zeitschrift Universität Halle. 32. Jahrgang 1983, Heft 5, S. 9

112 Gerhart Hauptmann. *Florian Geyer*. In: Sämtliche Werke (Centenar-Ausgabe) Hg. von Hans-Egon Haas. Berlin. Propyläen 1996, Bd. 1, S. 606

obachtungs- und Gesprächsgegenstand, sondern betritt auch die Szene, „unwirsch und ablehnend", zudem „kaum andere als hämische Beachtung" findend[113], wie es in einer Regieanmerkung heißt. Er nimmt am „Versammlungsrat aller Haufen gemeiner Bauernschaft" teil, trägt sich aber wohl mit dem Gedanken, wie Anwesende vermuten, mit den Bauern gegen „seinen alten Feind, den Bamberger" zu ziehen. Die Konflikte des goetheschen Stücks schimmern noch durch. Aber Hauptmanns Stück ist auch ein Gegenentwurf zu Goethe. Das wird schon in der Genrebezeichnung deutlich: Das Stück ist eine Tragödie. Es ist nicht die Tragödie des Bauernkrieges, sondern die der Unentschiedenheit Geyers. Sie wiederum ist typisch für Gerhart Hauptmann, der zeit seines Lebens unentschieden war und diese Unentschiedenheit auch lebte. Das unterscheidet Hauptmanns Geyer von Goethes Götz, der geradezu fanatisch seinen Prinzipien folgte. Einerseits sah Hauptmann seinen Geyer als vorbildlichen Ritter, der seine Handlungen

> *„von ritterlichen Moralvorstellungen bestimmen lässt und dabei Ähnlichkeiten mit Ulrich von Hutten bekommt. Andererseits führte dieser Geyer die Bauern an und ist damit verpflichtet, deren Ziele zu den seinen zu machen. Er rückt in die Nähe eines Thomas Müntzer. Zwischen Hutten und Müntzer ist dieser Geyer angesiedelt; dabei hat er nicht die Eindeutigkeit des goethischen Götz, der nur zeitweise und nicht aus politischer Erkenntnis heraus die Führung der Bauern übernahm."*[114]

Hauptmanns Stück war ein Versuch, die naturalistischen Prinzipien auf einen historischen Stoff zu übertragen. Neben Goethe hatte er dabei auch Conrad Albertis Müntzer-Drama *Brot!* vor Augen, das 1890 mit „unbestrittenem Erfolg" in Ber-

113 ebd., S. 616
114 Rüdiger Bernhardt: *Der ungeehrte Luther.* ebd., S. 12

lin aufgeführt worden war.[115] Es ist heute noch vergessener als Hauptmanns Stück. Während Goethes *Götz* bis heute im Repertoire geblieben ist und immer noch Leser wie Zuschauer interessiert, schritt das Vergessen über Hauptmanns *Florian Geyer* unerbittlich hinweg, obwohl 1930 eine Inszenierung des *Götz* auf die Beziehung beider Stücke nochmals hinwies. Fritz Engel betrachtete Goethes *Urgötz* als „Nachbar von Hauptmanns Geyer, ein Bauernritter, ein süddeutsch mundartlicher Mann und deshalb auch noch ein schwärmendes Kind, eine Faust und ein Herz, eine Energie und Güte: ein Mensch"[116]. Der schwedische Dramatiker **August Strindberg** hatte Ähnliches am 13. Mai 1902 an seinen deutschen Übersetzer Schering geschrieben:

> *„Nachdem ich eben Götz gelesen habe, konnte ich mich mit Florian Geyer, den Sie mir sandten, nicht befreunden, kämpfe mich aber durch. Der ist gut gearbeitet, aber der Geist fehlt! Der ist so sorgfältig studiert, dass man wünschte, er wäre schlechter. Ein Kunstwerk soll etwas nachlässiger sein, unvollkommen wie ein Naturerzeugnis."*[117]

Als sich Strindberg selbst mit der Reformation beschäftigte, kam er noch mehrfach auf Goethes *Götz* und Gerhart Hauptmanns *Florian Geyer* zu sprechen. Immer war es der *Götz*, den er bevorzugte und den er zum Muster erhob. Am 31. 12. 1903 schrieb er wiederum an seinen Übersetzer: „Für solche geschichtlichen Epochen wie Luthers Leben muss die Shakespeare-Götz-Form verwandt werden ... Ich las den *Götz* und bekam Courage."[118] Die Wirkungsgeschichte des Schauspiels

115 ebd., S. 21 ff.

116 Fritz Engel, Berliner Tageblatt 19. Oktober 1930. In: Günther Rühle: Theater für die Republik im Spiegel der Kritik. 2. Band: 1926–1933. Berlin. Henschelverlag 1988, S. 1031

117 August Strindberg: *Samlade Skrifter.* Band XIV, utgiva av Torsten Eklund. Stockholm, Brief Nr. 4715

118 ebd., Nr. 4932

ist umfangreich und verzweigt: Sie reicht von Goethe über Lenz zu Georg Büchner, über Karl Marx und Friedrich Engels zu Lassalle, über Gerhart Hauptmann und Friedrich Wolf bis zu Peter Hacks. Die Wirkungen auf den historischen Roman der Art Walter Scotts sind dabei nicht einmal berücksichtigt.

5. Materialien: Inszenierungen

Am 12. April 1774 führte die kochsche Truppe Goethes Stück im historischen Kostüm auf. Es erschien dem Publikum als eine echte Monstrosität, da es der Regel von den drei Einheiten, die dem Publikum bekannt war, völlig und uneingeschränkt widersprach.

„Die Zerstückelung der reichen, bunten Handlung war noch größer als die der Haupt- und Staatsaktionen, deren man sich wohl erinnerte, aber die man nicht zurückwünschte. Man konnte sich nicht orientieren, die Kürze der meisten Szenen ließ keinen Eindruck fest werden. Dazu hatte diese markige Wahrheit der Gestalten etwas Erschreckendes, man sah die bisherige Natürlichkeit über boten. Kurz, das Werk machte auf der Bühne durchaus nicht die Sensation, welche alle diejenigen erwartet hatten, welche darin die Verkündigung einer neuen Zeit anerkannten."[119]

Entscheidende Wirkungen hatte diese Aufführung durch ihre Kostüme. Es war üblich, die meisten Stücke, sofern sie nicht antike Kleidung erforderten oder als Gegenwartsstücke galten wie die Lessings, in französischer Hoftracht, mit gepuderter Frisur und Galanteriedegen, zu spielen. Das ging beim *Götz* nicht. Damit ging die Uraufführung des Stückes einher mit der Einführung charakteristischer Kostüme und Bühnenbilder.

„So deckte Goethes ‚Götz' denn schonungslos auf ..., dass das bisherige konventionelle Kostüm nur ein Ergebnis der bisher gültigen konventionellen Poesie und der konventionellen Darstellungsweise gewesen war."[120]

---

119 Devrient, Band 1, S. 428 f.
120 ebd., S. 429

Im gleichen Jahr wurde es auch in **Hamburg** durch **Friedrich Ludwig Schröder** (1744–1816), den Direktor der ackermannschen Truppe, aufgeführt. Man versuchte auch dort, Ort und Zeit der Handlung möglichst genau durch die Kostüme und die Dekoration zu beschreiben und so auf andere Art wieder eine „Einheit" herzustellen. Dem Zuschauer kam entgegen, dass an der Kasse eine gedruckte Abfolge der Szenen verteilt wurde, um den Zuschauer über die Ortswechsel zu informieren. Trotz aller Bemühungen vermochte das Hamburger Publikum nicht, die mittelalterliche Buntheit des Stückes anzunehmen; man war mit dem regelmäßigen Drama aufgewachsen, dem man auch weiterhin zu folgen gedachte.
Goethe unternahm mehrere Versuche, das Stück für die **Weimarer Bühne** zu bearbeiten (1804,1809). Dabei unterteilte er das Werk 1809 in zwei Teile und spielte es an zwei Abenden; der Erfolg war gering. So konnte Hermann Hettner wenn auch zu stark verallgemeinernd sagen: „*Götz* hat daher auch niemals die Probe dramatischer Aufführung glücklich bestanden, so oft und so verschiedenartig in den verschiedensten Perioden seines Lebens der Dichter selbst diese Probe gemacht hat."[121]

Es gab moderne Inszenierungen, die Aufsehen erregten und Zuschauer wie Presse begeisterten. So verantwortete Ernst Legal eine im Staatlichen Schauspielhaus am Gendarmenmarkt in Berlin vom 18. Oktober 1930. In ihr sahen die Kritiker und Zuschauer ein Bekenntnis zur Freiheit, Träger der Idee war Götz: „Ritter Gottfried beugt sich vor seinem Kaiser, aber die Fürsten sind ihm verhasst." Legal benutzte für seine erste Inszenierung als Intendant den *Urgötz*. Darsteller der Titelgestalt war Heinrich George, der den Götz in der Maske Albrecht Dürers spielte und darin seine populärste Rol-

121 Hettner, Band 2, S. 118

le hatte. Er spielte sie Hunderte Male im folgenden Jahrzehnt, auch auf dem Frankfurter Römerberg und bei den Heidelberger Festspielen. Die Presse war voll des Lobes, obwohl man anmerkte, dass der Regisseur aus Achtung vor dem Text in ihn kaum eingegriffen hatte – unverständlicherweise verzichtete er auf die Femeszene – und selbst das Motto von Albrecht von Haller mitgespielt worden sei.[122] Dass der Götz Heinrich Georges so viel Zuspruch bekam, lag daran, dass Legal ihn nicht als historisch überholten Ritter spielen ließ, sondern als bürgerlichen Familienvater und Freund; auch das gibt Goethes Text her. Paul Fechter schrieb: „Das Ritterliche tritt stärker in den Hintergrund, dafür steht der einfache, nicht sehr kluge, aber starke männliche gradlinige Mann, mit seiner Wärme und Weichheit sehr schön und lebendig da."[123]

Der *Urgötz* interessierte immer wieder. Als 1982 Peter Sodann, damals Schauspieldirektor am Landestheater Halle, heute Tatort-Kommissar und Intendant des berühmten nt (neues theater), seinen Beitrag zum Goethe-Jahr leisten wollte, griff er ebenfalls auf die Urfassung zurück. In den provokanten „Thesen zur Inszenierung" bekam Götz ein völlig anderes Profil: „In dieser Zerrissenheit (der Nation, R. B.) spielte ein Ritter wie Götz von Berlichingen eine durchaus reaktionäre Rolle."[124] Die Inszenierung wollte die Geschichte junger Leute erzählen, die gegenüber den zerrissenen Verhältnissen ihre Ansprüche geltend machten. Man ließ dabei den Figuren Gerechtigkeit widerfahren. Götz, so die These 3, kämpft grundehrlich und fair, Weislingen steht auf der Seite des Fortschritts. Die Inszenierung wurde in der Öffentlichkeit heftig diskutiert. Die Ursache dafür war, dass

122 Monty Jacobs, Vossische Zeitung. Berlin, 19. Oktober 1930. In: Günther Rühle: Theater für die Republik im Spiegel der Kritik. 2. Band: 1926–1933. Berlin: Henschelverlag 1988, S. 1028
123 Paul Fechter, Deutsche Allgemeine Zeitung, Berlin 19. Oktober 1930. In: ebd., S. 1030
124 Programmheft: Goethe. Götz, Heft 8/1982 (Premiere 10. Oktober 1982)

die Inszenierung allen Figuren eine moralische Berechtigung beließ und ihre Idealisierungen ebenso wie ihre Verketzerungen zurücknahm. Götz wurde, was nicht schwer war, dadurch ebenso legitimiert wie, was weit schwerer war, Adelheid und Weislingen, wodurch eine Art historische Gerechtigkeit entstand.

Radikaler ging einer der erfolgreichsten Dramatiker des 20. Jahrhunderts mit dem Götz um: Peter Hacks. Er, der sich selbst als die Inkarnation Goethes im 20. Jahrhundert sieht, fühlte sich Goethe nur nahe, wenn er den Götz „gedanklich zu den Akten" legen konnte, denn für ihn war Götz eine Gestalt der Romantik, ein Raubritter: „... in der nachhinkenden Tatsächlichkeit des Lebens wimmelt Europa von jenen verarmten oder enteigneten ritterständischen Reichsunmittelbaren, in deren Kopf das Wort Freiheit von dem Namen Freiherr sich ableitet"[125].
So wurden immer wieder Versuche unternommen, das „Monstrum", wie es Zeitgenossen bezeichneten, auf die Bühne zu bringen. Die letzte These aus der Inszenierung von Peter Sodann lautete: „Goethes Text bedarf keiner vordergründigen Aktualisierung. Vielmehr sind die geschichtlichen Hintergründe des Texts freizulegen und durchschaubar zu machen. Der Abstand zum *Götz* ist genauso wichtig wie seine Verbundenheit mit dem Heute. So frei und willkürlich Goethe auch immer mit dem historischen Material umgegangen ist – dahinter erscheint eine tiefe historische Wahrheit. Die schmerzhaften Folgen der Ablösung alter Verhältnisse durch neue, das Aufbrechen großer Konflikte in Zeiten gesellschaftlichen Umbruchs, ihre zeitweilige Unlösbarkeit für den einzelnen wie auch für die Gesellschaft – all das sind geschichtliche Erfahrungen, die wir heute nicht entbehren können."[126]

125 Peter Hacks: *Über eine Goethesche Auskunft zu Fragen der Theaterarchitektur*. In: Peter Hacks: Die Maßgaben der Kunst. Gesammelte Aufsätze 1959–1994. Hamburg: Edition Nautilus 1996, S. 291
126 Landestheater Halle (Hg.), Redaktion. Erhard Preuk, Halle 1882, Heft 8, S. 6

Literatur

Die Literatur zu Goethes *Götz von Berlichingen* ist außergewöhnlich umfangreich; es werden nur einige und für die vorliegende Darstellung wichtige Fragen aufwerfende Titel genannt. Andere Titel finden sich in den Anmerkungen.

1) Goethe-Texte – Ausgaben

Goethe, Johann Wolfgang: *Götz von Berlichingen mit der eisernen Hand. Ein Schauspiel.* Stuttgart: Philipp Reclam jun., 2002 (Universal-Bibliothek Nr. 71).
(Nach dieser Ausgabe wird zitiert.)

Der junge Goethe in seiner Zeit. In zwei Bänden und einer CD-ROM hg. von Karl Eibl, Fotis Jannidis und Marianne Willems. Frankfurt/Main: Insel Verlag, 1998.
(Auf der CD-ROM werden alle Schriften des jungen Goethe eingebettet in historische Kontexte wie Rezensionen, Briefe und Zeugnisse von Zeitzeugen.)

Goethe, J. W.: *Goethes Werke,* Bd. 4 (Hamburger Ausgabe), durchg. von Wolfgang Kayser, Hamburg 1958; hg. von Erich Trunz, München, 1981.
(Sehr gut kommentierte Ausgabe für weiterführende Arbeit)

Goethe, J. W.: *Poetische Werke,* Bd. 7 (Berliner Ausgabe), bearbeitet von Angelika Jahn, Berlin: Aufbau-Verlag, 1963.
(Sehr gut und weit greifend erläutert und kommentiert, eignet sich für speziellere Arbeiten; zitiert als BA.)

Herder–Goethe–Möser: *Von Deutscher Art und Kunst.* Leipzig: Verlag Philipp Reclam jun., 1960.
(Darin Goethes „Von Deutscher Baukunst" und Mösers „Deutsche Geschichte")

Bode, Wilhelm (Hg.): *Goethe in vertraulichen Briefen seiner Zeitgenossen,* Bd. 1–3, Berlin und Weimar: Aufbau-Verlag 1979, München, 1982.

Eckermann, Johann Peter: *Gespräche mit Goethe in den letzten Jahren seines Lebens 1823–1832,* Berlin: Aufbau-Verlag, 1962.

Götting, Franz (Hg.): *Chronik von Goethes Leben.* Leipzig: Insel, 1957.

Hartung, Ernst (Hg.): *Alles um Liebe. Goethes Briefe.* München-Ebenhausen: Wilhelm Langewiesche-Brandt, 1906.

Steiger, Robert/Reimann, Angelika (Hg.): *Goethes Leben von Tag zu Tag. Eine dokumentarische Chronik.* Bd. 1–8. München und Zürich, 1982–1996.

2) Lernhilfen und Kommentare für Schüler

Brinckschulte, Eva: *Erläuterungen zu Johann Wolfgang v. Goethe, Götz von Berlichingen.* Hollfeld: C. Bange Verlag, 7. Auflage, 1997.
(Vorläufer des vorliegenden Buches)

Gysi, Klaus u. a.: *Götz von Berlichingen.* In: Klassik. Erläuterungen zur deutschen Literatur. Berlin: Volk und Wissen, 1965.

Hinderer, Walter: *Götz von Berlichingen.* In: Goethes Dramen. Interpretationen. Hg. von Walter Hinderer. Stuttgart: Reclam, 1992.

Neuhaus, Volker: *Johann Wolfgang Goethe. Götz von Berlichingen.* Erläuterungen und Dokumente. Stuttgart: Reclam 1973, bibliografisch ergänzt 1994; 1999.
(Materialreiche und sehr gute Zusammenstellung von Aussagen und Zeugnissen zum Stück)

3) Sekundärliteratur:

Blumenthal, Hermann (Hg.): *Zeitgenössische Rezensionen und Urteile über Goethes Götz und Werther.* Berlin, 1935.

Boyle, Nicholas: *Goethe. Der Dichter in seiner Zeit,* Bd. 1. München, 1995.

Buck, Theo: *Goethes Erneuerung des Dramas Götz von Berlichingen in heutiger Sicht.* In: Johann Wolfgang von Goethe. Hg. von Heinz Ludwig Arnold. München: edition & kritik (Sonderband) 1982, S. 33–42.

Conrady, Karl-Otto: *Goethe. Leben und Werk.* München und Zürich 1994.

Damm, Sigrid: *Christiane und Goethe. Eine Recherche.* Frankfurt am Main und Leipzig: Insel Verlag, 1998.

Devrient, Eduard: *Geschichte der deutschen Schauspielkunst.* In zwei Bänden neu herausgegeben von Rolf Kabel und Christoph Trilse. Berlin: Henschelverlag, 1967.

Düntzer, Heinrich: *Goethes Götz von Berlichingen erläutert.* Leipzig: Reclam 3. Auflage, 1894.

Eissler, Kurt R.: *Goethe. Eine psychoanalytische Studie 1775–1786*, hg. von Rüdiger Scholz, 2 Bände, München, 1987.

Friedenthal, Richard: Goethe. Sein Leben und seine Zeit. München: R. Piper & Co Verlag, 1963.

Geerdts, Hans-Jürgen: Johann Wolfgang Goethe. Leipzig: Reclam, 1972.

Gerstenberg, E: *Recht und Unrecht in Goethes Götz von Berlichingen.* In: Neue Folge des Jahrbuchs der Goethe-Gesellschaft, Bd. 16 (1954), S. 258–271.
(Gerstenberg hat über Recht und Staat in Goethes Stück 1952 promoviert. Der interessante Aufsatz geht besonders auf die Helfenstein-Szene des Urgötz ein und druckt den Kupferstich, der Goethe zu dieser Szene anregte.)

Hettner, Hermann: Geschichte der deutschen Literatur im achtzehnten Jahrhundert. 2 Bände, Berlin: Aufbau-Verlag, 1961.
(Besonders im 2. Band finden sich weiterführende Bemerkungen zum Stück, entwickelt auf der Grundlage zeitgenössischer Dokumente.)

Höfer, Anja: *Johann Wolfgang von Goethe.* (dtv portrait). München: dtv, 1999.
(Eine kurze, übersichtliche und leicht verständliche Einführung in Leben und Werk.)

Leistner, Bernd: *Im Zeichen des großen Anspruchs. Goethes Entwicklung zum Weimarer Klassiker.* In: Spielraum des Poetischen. Berlin und Weimar: Aufbau-Verlag, 1985.

Lenz, Jakob Michael Reinhold: Über *Götz von Berlichingen.* In: Werke und Briefe in drei Bänden. Hg. von Sigrid Damm. Leipzig: Insel-Verlag, 1987.

Lösch, Michael: *Who's who bei Goethe.* München: dtv, 1998.

Mann, Otto: *Geschichte des deutschen Dramas.* Kröners Taschenausgabe Band 296. Stuttgart, Alfred Kröner Verlag, 1963 u. ö. *(Kurze präzise Darstellung der dramaturgischen Besonderheiten des Götz und Vergleich mit Shakespeare)*

Marx, Karl und Friedrich Engels / Ferdinand Lassalle: *Die Sickingen-Debatte.* In: Karl Marx / Friedrich Engels: Über Kunst und Literatur. Berlin: Dietz Verlag, 1967, 1. Band.

Mayer, Hans: *Goethe.* Hg. von Inge Jens. Frankfurt am Main: Suhrkamp Verlag, 1999.

Mehring, Franz: *Johann Wolfgang Goethe* (1899). In: Gesammelte Schriften, hg. von Thomas Höhle u. a., Band 10, Berlin: Dietz Verlag, 1961.

Müller, Peter: *Aber die Geschichte schweigt nicht. Goethes Geschichte Gottfriedens von Berlichingen mit der eisernen Hand, dramatisiert* als Beginn der deutschen Geschichtsdramatik. In: Zeitschrift für Germanistik 8, Berlin: Humboldt-Universität, 1987, S. 141–159.

Nollau, Alfred: *Das literarische Publikum des jungen Goethe von 1770 bis zur Übersiedlung nach Weimar.* Mit einem Anhang: Neudrucke bisher unveröffentlichter *Götz-* und *Werther*-Kritiken der Zeit. Weimar: Literatur und Leben 5, 1935.

Wertheim, Ursula: *Die Helfenstein-Szene in Goethes Urgötz und ihre Beziehungen zum Volkslied.* In: Weimarer Beiträge, Berlin: Aufbau-Verlag, 1955, Heft 1, S. 109–146.

Wilson, W. Daniel: *Das Goethe-Tabu. Protest und Menschenrechte im klassischen Weimar.* München: dtv, 1999.

4) Verfilmungen

Götz von Berlichingen. Österreich 1955.
Regie: Alfred Stöger

Götz von Berlichingen mit der eisernen Hand. BRD (Verfilmung für das Fernsehen) 1978.
Regie: Wolfgang Liebeneiner, Harald Reinl.